经世济民

诚信服务

德法兼修

"十四五"职业教育国家规划教材

高等职业教育财经商贸类专业通识课程
职业能力与素质养成系列教材

高等职业教育在线开放课程
新形态一体化教材

新目录
新专标

社交礼仪

（第六版）

主编　林友华

中国教育出版传媒集团
高等教育出版社·北京

内容提要

本书是"十四五"职业教育国家规划教材,也是高等职业教育财经商贸类专业通识课程职业能力与素质养成系列教材之一。本书基于新时期人们的社交需要,按照学生的认知规律,从在家庭、学校所必须养成的基础礼仪开始,继而介绍迈向社会所需要的交际礼仪,再扩大到对习俗礼仪和涉外礼仪做进一步介绍,最后升华到对礼仪的性质与功用的认知。由浅入深,从感性到理性,既通俗易懂,又有理论深度。各章开篇设有"知识目标""能力目标""素养目标""思维导图",各节开篇设有"礼仪格言";书中有"学海拾贝""知书识礼""举一反三""精读感悟"等点缀其间;节后附有"情景演练""观察体验""实践训练""用心思考""思辨讨论"等课内外活动建议。全书新颖别致、生动活泼,具有启迪性、可读性和易操作性,有助于传承中华优秀礼仪文化,提升学生的礼仪素养,增强文化自信。

为更好地实现"互联网+"式教学,方便学习者快速有效地掌握核心知识,也方便教师实现线上线下翻转课堂教学模式,本书在"智慧职教"平台(www.icve.com.cn)上建有"社交礼仪"在线开放课程,包括微课、动画、交互式测验等类型丰富的数字化教学资源,并择取优质资源,做成二维码在书中进行标注,读者可利用智能移动终端边扫边学边练。本书配套开发有教学 PPT、习题答案等数字化教学资源,具体获取方式请见书后"郑重声明"页资源服务提示。

本书既可作为高等职业院校、职业本科院校、成人高校、应用型本科院校的人文素质教育教材使用,也可供五年制高职、中等职业学校学生及社会从业人员使用。

图书在版编目(CIP)数据

社交礼仪 / 林友华主编. -- 6版. -- 北京 : 高等教育出版社,2023.7
ISBN 978-7-04-060330-9

Ⅰ. ①社… Ⅱ. ①林… Ⅲ. ①社交礼仪-高等职业教育-教材 Ⅳ. ①C912.12

中国国家版本馆CIP数据核字(2023)第054497号

社交礼仪(第六版)
SHEJIAO LIYI

策划编辑	梁 木	责任编辑	梁 木	封面设计	贺雅馨	版式设计	杜微言
责任绘图	裴一丹	责任校对	商红彦 吕红颖	责任印制	耿 轩		

出版发行	高等教育出版社	网 址	http://www.hep.edu.cn
社 址	北京市西城区德外大街 4 号		http://www.hep.com.cn
邮政编码	100120	网上订购	http://www.hepmall.com.cn
印 刷	山东韵杰文化科技有限公司		http://www.hepmall.com
开 本	787mm×1092mm 1/16		http://www.hepmall.cn
印 张	12.5	版 次	2003 年 7 月第 1 版
字 数	230 千字		2023 年 7 月第 6 版
购书热线	010-58581118	印 次	2023 年 7 月第 1 次印刷
咨询电话	400-810-0598	定 价	44.80 元

"智慧职教" 服务指南

"智慧职教"（www.icve.com.cn）是由高等教育出版社建设和运营的职业教育数字教学资源共建共享平台和在线课程教学服务平台，与教材配套课程相关的部分包括资源库平台、职教云平台和App等。用户通过平台注册，登录即可使用该平台。

- 资源库平台：为学习者提供本教材配套课程及资源的浏览服务。

登录"智慧职教"平台，在首页搜索框中搜索"社交礼仪"，找到对应作者主持的课程，加入课程参加学习，即可浏览课程资源。

- 职教云平台：帮助任课教师对本教材配套课程进行引用、修改，再发布为个性化课程（SPOC）。

1. 登录职教云平台，在首页单击"新增课程"按钮，根据提示设置要构建的个性化课程的基本信息。

2. 进入课程编辑页面设置教学班级后，在"教学管理"的"教学设计"中"导入"教材配套课程，可根据教学需要进行修改，再发布为个性化课程。

- App：帮助任课教师和学生基于新构建的个性化课程开展线上线下混合式、智能化教与学。

1. 在应用市场搜索"智慧职教icve"App，下载安装。

2. 登录App，任课教师指导学生加入个性化课程，并利用App提供的各类功能，开展课前、课中、课后的教学互动，构建智慧课堂。

"智慧职教"使用帮助及常见问题解答请访问help.icve.com.cn。

第六版前言

礼仪是人生的必修课，是品德教养的外在表现，是大学生基本素质教育的重要内涵。社交礼仪被喻为现代人成功之路的"通行证"。

本书的编写历程可以追溯到1990年秋季，当时笔者从宁德师范高等专科学校调进原闽江职业大学（现闽江学院，文后简称闽大），开始在时任福州市委书记兼闽江职业大学校长习近平的领导下从事德育教学与研究工作，有幸多次与习近平同志坐在一起，聆听他畅谈办学思想的真知灼见。他多次强调要坚持立德树人，把德育工作放在首位，思政教学要理直气壮，要针对学生特点、社会需求多样化开展，敢闯新路，重在培养学生的综合素质。

受此启发，笔者先是在"思想品德修养"课上尝试加入礼仪修养相关内容，进而又专门开设"实用礼仪学"课程，反响热烈，许多学生说礼仪课令人耳目一新，获益终身，该课程于1992年荣获校级特等奖，1993年获得福建省优秀教学成果二等奖。

1993年元旦，闽大礼仪队参加福州长乐国际机场奠基仪式，展示闽大学生的礼仪风采，得到了习近平同志的拨冗接见与赞叹："你们的表现很好！你们辛苦了！闽大有个自己的礼仪队，不容易！"习近平同志对学生礼仪风采的赞赏与鼓励，极大地激发了我们深入开展礼仪教学研究工作的热情，也获得了一系列可喜成果。

1996年，原闽江职业大学礼仪研究所成立。2003年，《社交礼仪》由高等教育出版社正式出版，并历经五次修订再版，各版先后荣获普通高等教育"十五""十一五"国家级规划教材、"十二五""十三五""十四五"职业教育国家规划教材称号。

党的二十大报告指出："育人的根本在于立德。全面贯彻党的教育方针，落实立德树人根本任务，培养德智体美劳全面发展的社会主义建设者和接班人。"为贯彻习近平新时代中国特色社会主义思想和党的二十大精神，适应日新月异的社会发展的需要，本书第六版也相应进行较大幅度的调整与修改。将原来的第一章与第二章内容整合为一章；删除了"人生礼俗""礼仪的教育与普及"两节内容，增加了"现代节日与社会新风"一节内容。又更新了部分案例资料，添加了"社会主义精神文明建设""践行社会主义核心价值观"等内容，增加了"素养目标"，删除了一些不合时宜的案例；并增删了一些图片及二维码链接的数字化资源，使教材更加凸显立德树人的鲜明特色，教学内容也更加与时俱进、严谨实用。

本书由林友华（闽江学院）主编。各章作者分别是：绪论：林友华；第一章：徐瑞芳（闽江学院）、林友华；第二章：路琴（闽江学院）；第三章：林友华；第四章：魏咏梅（华北电力大学）；第五章：林友华。由林友华统稿、修改、润色。

福州职业技术学院孙芳仲教授对本教材的编写修订工作予以大力支持与指导，闽江学院的王燕星、林中燕、林春玲、张颖、陈为旺为本书搜集资料等前期准备工作付出了心血，本书在编写过程中还参考了大量有关书籍资料。在此，谨向上述同志及相关作者表示衷心感谢！谨向为本书的出版付出辛勤劳动的高等教育出版社编辑致以诚挚敬意和谢忱！

林友华

2023 年 5 月

第一版前言

礼仪是人生的必修课，社交礼仪是现代人成功之路的通行证。

本书基于新时期人们的社交需要，按照学生的认知规律，从阐述形象美的塑造及其训练方法开始，继而介绍在家庭、学校所必须养成的个人基础礼仪以及迈向社会所需要的交际礼仪，再扩大到对民俗和涉外礼仪的认识，最后升华到礼仪理论的认知。由浅入深，从感性到理性，既通俗易懂，又有理论深度。还有"学习提示""礼仪格言""知识窗""小故事""案例分析""模拟演示建议"等点缀其间，使本书新颖别致、生动活泼，具有可读性和易操作性。

本书的章节是根据内容性质，而并非按照教学时数编排的，请在制定教学计划时予以注意。

本书由林友华（闽江学院）主编。各章作者分别是：第一章：徐瑞芳（闽江学院）；第二章：孙芳仲（福州职业技术学院）、林友华；第三章：路琴（闽江学院）；第四章：尹华光（吉首大学）；第五章：魏咏梅（厦门理工学院）；第六章：林友华。由主编进行统一协调、修改、润色。

福州大学陈沙麦教授审阅了文稿并提出了宝贵意见；闽江学院的王燕星、林中燕、林春玲、张颖为本书搜集资料等前期准备工作付出了心血；本书在编写过程中还参考了大量有关书籍资料。在此，谨向上述同志及有关作者表示衷心感谢！

本书可作为大学生基本人文素质教育的教材。

编者
二〇〇二年十二月

目　录

绪论
明礼致福

进入大学，我们所学的不应仅是书本上的知识，也不应仅是为拿到一纸学历文凭，而是要注重性格与人格的培养与综合素质的提升，成为现代文明人。

一、礼仪要义

礼仪是人们在社会交往活动中表达相互尊重的行为规范。

东汉许慎《说文解字》释："礼，履也。所以事神致福也。"他把"礼"与"福"紧紧联系在一起。显然，追求幸福、美好的生活，这才是礼仪的初衷。中华礼仪一般都蕴含着消灾祝福之意。如拜年时常说"恭贺新年，万事如意"；为老人庆贺生日时常说"祝您生日快乐，健康长寿"；婚礼上祝新人"百年好合，幸福美满"；丧礼也是为安慰逝者，保佑生者……总之，礼仪是用以表达或寄托某种良好愿望的方式。

二、不学礼，无以立

（一）明礼是做人的起点

礼仪是文明的重要标志，礼貌是人品教养的外在表现，也是形成"第一印象效应"的关键。一个人永远没有第二次机会给别人留下美好的第一印象。西方哲人约翰·洛克指出："礼仪是儿童与青年应该特别小心养成习惯的第一件大事。"对此，人们决不可掉以轻心。

人生的价值何在？人区别于其他生物存在的根本特征是什么？美国哲学家赫伯特·芬格莱特从日常语言分析哲学的角度解读《论语》，认为儒学的开创者孔子思想的核心是礼学，礼仪赋予人类以尊严和价值。芬格莱特把孔子的思想归结为一句话：

人是礼仪的存在。

文明礼仪不仅给他人、给社会带来和谐，也能营造充满爱心的环境，给自己带来快乐温馨的感受。在现代社会生活中，文明已经成为社会环境、国家形象的一个组成部分。

（二）礼仪与社会文明

构建文明社会，每个社会成员都有责任。因为社会是否文明，与每个社会成员的行为密切相关，与每个人的切身利益密切相关。如果每个人都能严于律己，从我做起，违法乱纪的事不做，损人利己的事不做，欺压他人的事不做，而且能以礼待人，同情和帮助弱者，那么一个单位、一个集体怎能不文明？

各美其美、美人之美、美美与共，天下大同。

（三）礼仪与形象

礼仪虽体现于待人接物的琐事之中，但其影响不可忽视。国家公务员的待人接物礼仪影响到国家的形象，影响到政府与人民群众的联系；公司员工的礼仪也关系着公司的形象与声誉，是一个个形象的广告。因此，无论是公务员，还是企事业单位员工，都应进行礼仪的强化教育，以提高自身的形象和声誉，从而避免无谓的麻烦。

不少企业制定了《员工礼规手册》，使员工懂得企业的礼仪、礼节、礼数，行为有章可循。手册的内容强调"您已经是本企业团体中最富有代表性的员工之一，您的仪表、谈吐、举止、行为，不再仅仅是您个人文化素质的体现，而是企业形象的再现。公众的亲疏、客户的取舍，将与您的形象休戚相关。"请牢记："我是本企业的代表！"

对大学生而言，无论是现在还是将来，无论是在校还是将来在职，都要注重个人形象。

视频：
员工仪表与
公司形象

三、用心学习

我国教育家蔡元培主张突出礼仪教育："礼仪者，交际之要，而大有造就习惯之力。夫心能正体，体亦能制心。是以平日端容貌，正颜色，顺辞气，则妄念无自而萌，而言行之忠信笃敬，有不期然而然者。"礼仪遵循的好坏可以决定一个人习惯的好坏。譬如一个有正义感、有勇气、懂勤勉、有忍耐精神的人，均是由平时的习惯所养成的。

　　用心去学礼仪，就会认为礼仪很美妙；用心去感受生活，就会觉得生活很美好；用心善待人，就会发现朋友遍天下。

　　只要你有一颗热爱生活的心，你就总是能够发现：每一天都有收获，每一天都有积累，每一天都有值得高兴的事情。

课内外活动建议：

1. **观察体验：**校园内存在哪些不文明现象？应如何纠正？
2. **用心思考：**"不学礼，无以立"的含义。
3. **实践训练：**在平时看书或上网时留意并摘录有关礼仪的名言警句。
4. **思辨讨论：**礼仪与人生幸福的关系。

第一章
基础礼仪

[学习目标]

★ **素养目标:**

⊙ 注重仪表,形成良好的个人气质。

⊙ 树立仪态举止美的观念,培养自己的优雅风度。

⊙ 讲究说话艺术,在为人处世方面做到语言美。

⊙ 在日常生活中能自觉克服不良习惯,不断完善自我。

★ **知识目标:**

⊙ 掌握仪表的基本原则;掌握男士正装和女士服饰的要领。

⊙ 掌握举止的基本要求及握手的规矩;了解举止忌讳。

⊙ 掌握说话的基本原则。

★ **能力目标:**

⊙ 能够在日常工作、学习生活中对自己进行必要的修饰。

⊙ 掌握眼神与面部表情的训练方法,学会正确理解和运用眼神与面部表情。

⊙ 在社交场合能够把握好握手、鞠躬以及其他礼仪举止的分寸。

⊙ 在社交活动中能够遵守礼仪规范,使用必要的文雅用语。

思维导图

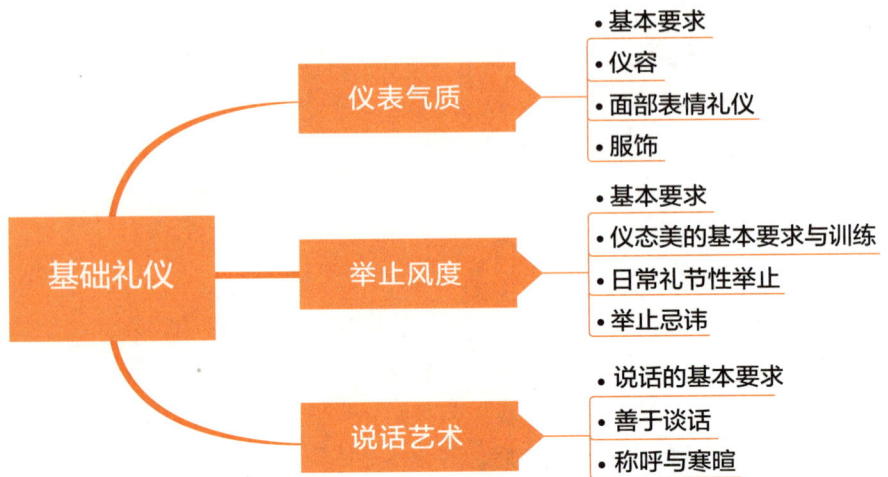

现代人生活在社会交往日益密切的"地球村"。无论你出门上学，还是上街购物；无论你求职谋生，还是外出旅行……都免不了要与各种各样的人打交道。要想避免交往过程中出现无谓的麻烦，就必须遵守社交规矩，讲究礼仪。

要成为彬彬有礼、风度翩翩、备受欢迎的人，首先必须注意个人礼仪，养成良好的行为习惯，奠定成功人生的基础。

第一节 仪表气质

礼仪格言

你永远没有第二次机会给人留下美好的第一印象。

仪表是人的外表，包括仪容、表情、服饰、姿态和风度，是一个人气质、教养、性格内涵的外在表现。

一、基本要求

（一）要有重仪表的强烈意识

爱美之心，人皆有之。仪表堂堂、风度翩翩、穿戴整齐者比不修边幅、衣冠不整者显得更体面、有教养，更受人尊重，这已成为人们的思维定式。同样一个人，在同样的场所，当他分别以衣着整洁、风度翩翩或衣冠不整、萎靡不振的面貌出现时，势必给人留下判若两人的印象，所触及的目光、所受的待遇必是截然不同的。

一见钟情就是第一印象的首因效应①。成功的交往一般从良好的第一印象开始，而第一印象的形成往往取决于对方仪表所传递出的信息。因此，许多公众人物在重要活动前要请专家为之进行形象设计打扮。

（二）经常检查自己的容止

在天津南开中学各教学楼门口有一面大镜子，上面写着引人注目的《镜箴》：

面必净，发必理，衣必整，纽必结。头容正，肩容平，胸容宽，背容直。气象：勿傲，勿暴，勿怠。颜色：宜和，宜静，宜庄。

视频：
镜箴

这段著名的"容止格言"每天都提醒着南开学子要时时保持端庄得体的仪表、仪容、仪态，处处注意自己的言行举止。20世纪50年代，我国向国外派遣第一批大使时，从南开中学毕业的周恩来总理还能背出这些箴言，并以此箴言勉励那些即将赴任的大使。周恩来的风度和形象在一定程度上是南开中学礼仪教育和熏陶的结果。

（三）保持整洁的形象

要塑造良好的自我形象，首先要保持整洁卫生。讲究个人卫生，保持衣着整洁是仪表美的最基本要求。一个人纵然有动人的形体、美丽的肌肤、高档的服饰，但如果肮脏邋遢、汗臭扑鼻，则必然会黯然失色、大煞风景。因此，人们在日常生活中，只要有条件，就必须勤梳洗、讲卫生。尤其在社交场合，务必穿戴整齐，振作精神。另外，要正确认识自己，不盲目追赶潮流，注意得体和谐，做到装扮适宜，举止大方，态度亲切，秀外慧中，个性鲜明。

二、仪容

仪容即容貌，由发式、面容以及人体所有未被服饰遮掩的肌肤所构成，是个人仪表的基本要素。

美丽的容貌令人赏心悦目。容貌虽然是天生的，但与后天的保养密切相关。

---

① 首因效应：是指交往双方形成的第一印象对今后交往关系的影响，也就是"先入为主"带来的效果。

天生丽质的人毕竟是少数，随着岁月的流逝，青春也难永驻。因此要提倡科学保养。

首先，要保持良好的心态与充足的睡眠。这有助于促进人体正常的新陈代谢，使头发和肌肤富有光泽。俗话说："笑一笑，十年少；愁一愁，白了头"，就是此理。

其次，注意科学合理的饮食。如多饮水，多吃水果、蔬菜，不酗酒，不抽烟，都有益于美容。还要适当参加户外活动，以促进表皮细胞的新陈代谢，出汗有助于体内有害物质的排出，"日光浴"也有益于皮肤健康。

长期的养护，再加上适当的化妆可以使人的容貌大为改观，所谓"女大十八变""三分长相，七分打扮"，就是此理。

（一）头发之美

发型是仪容极为重要的部分。头发整洁，发型得体是美发的基本要求。整洁、得体、大方的发型易给人留下神清气爽的美感。无论男女老少，都要重视自己头发的护理；都要根据自己的形体、气质、身份选择适当的发型，充分展现自己的风采。

1. 头发的护理

（1）头发应经常清洁。洗发时，选用洗发与护发分开的洗发水和护发素为好，洗发时用十指按摩头皮，以促进血液循环，有助于头发生长。

（2）常梳头亦可促进头部的血液循环。选用头梳时，要注意尽量不选用塑料梳子。因为用塑料梳子梳理头发时容易起静电，破坏头发组织，应选用木梳或牛角梳。梳头时不要用力过猛，避免损伤头发。

（3）头发要经常修剪，尤其是短发，每月应修剪1~2次。留长发的女士应将枯黄、开叉的发梢剪掉，保持头发的美观。

（4）烫发、染发要审慎对待，把握好分寸，否则会损伤头发，损害自己的形象。近年来，男女青年流行染发，有人将所有头发染成褐色、黄色等，也有人将头发的局部染色。有人既染出了自己的个性，又有时代气息，增色不少；有人则不土不洋，不伦不类，黯然失色。虽然这是一种时尚，但要知道染发时使用的药水对头发是有一定伤害的，因此要重视染发后的护理。年轻人切不可盲目追赶潮流，失去自己纯真可爱的本色。

2. 发型的选择

发型对于一个人的整体形象塑造有重要的作用。一个人的面貌呈现在别人眼前时，头部首先被人注意到，直接影响别人对自己的印象。发型的样式很多，在选择时要根据自然、大方、整洁、美观的原则，既要观察发型的流行趋势，又不能盲目追赶潮流，更重要的是应该考虑自己的年龄、性别、职业、性格、爱好和脸型特点。

学海拾贝

脸型与发型

一般来说，脸型分为瓜子脸、四方脸、圆脸和梨形脸：

（1）瓜子脸：这是东方女性的标准脸型。这种脸型的发型选择余地大，比较容易装扮。但一般而言，这种脸型显得瘦削，将头发散下来可显得丰润些（图1-1）。

图1-1　女士瓜子脸发型

（2）四方脸：这种脸型特征是面部下方较宽，显得比较刚毅、果断，但较缺乏柔美感。可将头发散下，使脸部看起来更加柔和些（图1-2）。

（3）圆脸：这是一种可爱的脸型，面部轮廓较圆，下巴丰腴。这种脸型的人一般要比实际年龄看起来较年轻，但缺乏立体感。可以选择线条简洁的发型，将头顶部头发梳高，并设法遮住双颊（图1-3）。

（4）梨形脸：这种脸型显得随和。特征是额头偏窄，下颌较宽。这种脸型的人宜留短发，并增加额头两侧头发的厚度（图1-4）。

图1-2　女士四方脸发型　　图1-3　女士圆脸发型　　图1-4　女士梨形脸发型

要保持自己美好形象，请从"头"开始；要给人留下美好印象，请注意时常修饰头发。

（二）面容肌肤之美

面容是构成一个人基本特征最重要的要素。所谓"丢脸"羞耻，"面子"要紧，都说明面容对人的自尊心具有无与伦比的重要性。因此，热爱生活的人无不重视面容的美化。

1. 保持清洁

显然，保持面部清洁是最基本、最简单、最普遍的美容方式。

男士要养成每日剃须修面的好习惯。喜欢蓄须的人要考虑工作是否允许，有的行业、岗位明文规定不允许蓄须。已经蓄须者，无论胡子长短，都要经常修剪，保持整洁卫生。胡子拉碴的人如果参加各种社交活动，是很失礼的。

相对而言，女士更注重美容，在保洁方面应更为讲究。

 学海拾贝

皮 肤 保 洁

首先是洁肤。应选择合适的洗脸水。一般应用温水，以让毛孔扩张，洗出残留在毛孔中的灰尘，再搭配选用适合自己肤质的洗面奶或洁面霜。将适量洗面奶倒在手心，用手指将其轻涂于脸上，由下往上螺旋式按摩清洗，尤其是额头、鼻翼、嘴角处要着重清洗。然后用清水洗净。由于表皮最外层的角质是层层覆盖的鳞片状，所以应由下往上洗脸，这样可以洗去藏在毛孔中的污物，并保持肌肤的正常纹理。除了每日1~2次的日常洁肤外，有条件的每周还可以用泥浆式或撕拉式面膜进行一次深层清洁，将面膜均匀涂在脸上，注意避开嘴和眉眼，待面膜中的水分彻底挥发后，将其撕下来，可彻底清除污垢。此外，切勿忽视脖颈的清洗。

其次是爽肤。由于洁肤用品呈碱性，用之清洁皮肤之后，常有绷紧的感觉，而健康的肌肤应呈弱酸性，故应平衡皮肤的酸碱度，而且使张开的毛孔收缩，防止因毛孔增大而导致皮肤粗糙。这就需要用爽肤水来调整。使用时可将爽肤水倒在化妆棉上或直接倒在手心里，用手指均匀地往脸上轻按并轻拍，以促进其吸收。

最后是润肤。爽肤后还应为肌肤补充营养。白天用日霜，夜间用晚霜。日霜可防止灰尘附着在皮肤上，并免受紫外线的侵害，为肌肤提供必需的养分。夏天使用防晒霜还可阻挡强烈日晒。夜晚是养颜的最佳时机，因此在临睡前用晚霜，能使养分被皮肤充分吸收，达到养颜之目的。

2. 适当化妆

化妆是一个人气质、修养的体现，必须给予足够的重视。化妆包括基础保养与彩妆两个部分，彩妆又可以根据不同的场合、不同的需要，分为舞台妆、宴会妆、新娘妆、晚妆、上班妆、休闲妆、个性妆等。女性应当根据自己的身份地位、职业特点、个性气质、特定场合来选择不同的妆型，使装扮适宜。化妆是一门综合艺术，它涉及美学、生理学、心理学、造型艺术等学科，不是简单的涂脂抹粉，而是一种

艺术和技巧。

风华正茂的学生，天生丽质，一般不必化妆。女大学生在日常生活中可施淡妆，切忌浓妆艳抹。

职业女性，尤其是社交场合的女士应当化妆。在某些场合，适当的美容化妆是一种礼貌，也是自尊和尊重他人的体现。

化妆的礼节及注意事项：

（1）扬长避短。刻意突出或美化自己脸上富有美感之处，掩饰面部欠美或不足的地方，以达到化妆的最佳效果。

（2）浓淡适宜。化妆的浓淡要根据不同的时间和场合来选择。要将白天与晚上、一般场合和特殊场合、不同季节的化妆区别对待，不要一成不变。在平时，以化淡妆为宜，注重自然和谐，不宜浓妆艳抹、香气袭人；参加晚会、舞会等社交活动时，则应适当化浓妆。

（3）不宜当众化妆。在公共场所众目睽睽之下修饰面容是没有教养的失礼行为。这样做会给人以轻浮的感觉，影响个人形象。如果确实需要补妆，也应该避开众人，到化妆间、洗手间或其他地方进行，切忌旁若无人地当众化妆。

（4）化妆品要合适。若化妆品使用不当，不仅达不到化妆的效果，还有可能损伤皮肤。因此，选择化妆品时，要根据自己皮肤的类型（干、中、油）选择质量可靠、质地细腻、颜色适中的品种。

三、面部表情礼仪

当人们相见时，给人留下最深印象的就是脸。脸是一张反映自己生理和情感状况的"明细表"。人的一个动作、一个眼神、一个表情、一个姿势都可以传递出内心的信息；不同形式的"体态语"，在很大程度上起着信息沟通的作用，使对方在接收信息时，不仅"听其言"，而且也"观其行"。可见，面部表情在人们交往过程中所起的重要作用。因此，能够巧妙地使用自己的眼神、面部表情的人，才是善于塑造自我交际形象的人。

（一）眼神礼仪

人们在交往中通过视线接触所传递的信息，称为眼神。人的内心世界可以通过眼神来表达，如目光的方向、眼球的转动、眨眼的频率等，都表示不同的意思，流露出不同的感情。又如，正视表示对人的尊重，斜视表示对人的轻蔑，仰视表示在思考，俯视则表示害羞、胆怯或者悔恨等。在与人交谈中，目光自下而上注视对方，一般有询问的意思；头部微倾斜，目光注视对方，一般表示对谈话内容的理解、赞同；眼睛光彩熠熠，一般表示充满兴趣；而目光东移西转，就会让对方感到你心不在焉。学习和研究各种眼神礼仪，并能在交往中恰如其分地运用是很重要的。

 精读感悟

诗人公木对眼睛的描绘

眼睛是心灵的窗口，不会隐瞒更不会说谎，愤怒飞溅火花，哀伤倾泻泪雨，它给笑声镀上一层明亮的闪光。

1. 正确把握和解读眼神

眼睛是人们了解客观世界的重要器官，也是反映主观内心世界的一面镜子，是人类五感（视觉、听觉、嗅觉、味觉和触觉）中最敏感的。人类从外界获得的信息约70%来自眼睛。把握和理解眼神可以从看的时间、看的角度、集中的精力、内含的情感等方面来观察。

（1）看的时间。这是指看的时间长短。时间长表示较重视，反之则表示不太重视。

（2）看的角度。从行为者与交际对象的位置来说，看的角度有平视、斜视、仰视、俯视之分。

（3）集中的精力。集中的精力是指注意力的集中程度，如"全神贯注"，表示注意力集中；"目光游离不定"则表示注意力不集中。

（4）内含的情感。内含的情感是指眼睛周围面部肌肉的运动，眼皮开合的程度，以及瞳孔的某些变化所反映的内心情感。眼睛周围肌肉的运动较放松，表情就较柔和，反之就较生硬。眼皮的开合：瞪大眼睛表示惊愕、愤怒；眯着眼表示快乐、欣赏；眨眼表示调皮、不解等。瞳孔的变化：当人们看到有趣的或心中喜爱的东西时，瞳孔就扩大，而看到不喜欢的或厌恶的东西时，瞳孔则会缩小。

2. 眼神的运用

眼神传递的思想感情是最自然、最诚实的。一个眼神，可以让别人大致观察出这个人的情绪是兴奋还是忧伤，是惊恐还是沉思。如目光炯炯有神，则体现自信、精明强干；目光暗淡无光，则体现信心不足、无能。在交往中，眼神应以尊重、友好、理解为佳，那种闪烁不定、满不在乎或眉来眼去的眼神，都会造成一种交际障碍。

因此，把握恰当的眼神在塑造交际形象美中有非常重要的作用。眼神的表现形式只有与交谈的场合和内容相适应，与交流双方的关系相适应，才不会在交往中失礼。眼神的运用应注意以下几点：

（1）眼神要与场合相适应。在正式场合，尤其是会见、谈判场合，不可东张西望，左顾右盼，否则就会给人一种缺乏诚意的印象。在空间较大的社交场合，通过互视、微笑、点头，可以解决因距离远而造成打招呼困难的问题，使交往气氛融洽。

（2）眼神要与交往对象相适应。如果双方关系十分密切，如亲人、恋人，相互较长时间地注视交谈才是适宜的。对于初次相识或关系一般的异性，长时间地盯着对方，在许多国家的文化背景下都是失礼行为；正面上下打量人更是一种轻蔑和挑衅的表示。所以，人们在一般的社会交往中，不宜以过分好奇的目光打量对方，人们也不喜欢对方过于直露地凝视自己。视线接触的时间，除关系十分亲近的人外，一般以连续注视对方1~2秒比较适宜。视线的位置，以注视对方的眼睛至嘴巴的"三角区"为宜。

在社会交往中，彼此之间的目光接触还因地位和自信程度不同而有所不同。往往是地位高的、自信程度高的人倾向于一直凝视对方。晚辈在长辈面前目光应略向下，以显示谦虚和恭敬。

（3）恰当运用眼神。在人际交往中，"相互尊重"的眼神是成功的前提。一般而言，含蓄深沉的眼神表示成熟；调皮的目光透露出一种天真、活泼和幽默感；朴实无华的目光表示正派；慈祥温柔的眼神则给人以亲切、信服的感觉。目光左顾右盼，飘忽不定是心慌意乱的表现；视线向上是高傲的表现；视线向下则表示伤感、悔恨、胆怯、害羞的心理等。总之，在社交活动中，人们应该注重自己神情的表现，恰如其分地发挥眼神的表现力，增添自己的形象与风度之美。

交往中的眼神应自然、稳重、柔和、诚恳和友善，体现出坦荡和自信，而眯眼、斜视、闭眼、游离不定、目光涣散，则表现出傲慢和蔑视。对女士来说，交谈中牵动眉眼、频繁眨眼、挤眉弄眼，都是有失文雅、不得体的表现。

知书识礼

注意眼神的训练

眼睛是心灵的窗口，眼神作为一种无声的语言，有时可以胜过有声语言。因此，必须注重训练眼睛的表现能力，使自己的眼神灵活、透亮，富于感染力，成为传情达意的工具。

1. 眼睛扩大的训练

眼睛的大小是有限的，只有在自身生理条件允许的情况下充分地将眼睛扩大，才能更好地运用眼神表情达意。其主要是起眉绷眼皮练习：上下眼皮是眼睛的两扇门，通过尽力将额肌上提，带动两眼角尾部向上挑起，上下绷起眼皮，使"两扇门"最大限度地打开。练习绷眼皮可使眼睛扩大，同时为亮眼练习打下基础。

2. 眼睛光亮的训练

在眼睛扩大练习的前提下，只有眼睛透亮闪光，才能具有较好的表现力。这主要是进行眼睛光泽的练习，训练眼神的高度集中。当人在沉思时，眼神没有焦点，就显得松弛无力，因此眼睛也就黯淡无光；视线焦点集中时，眼睛处于一种紧张状态，显得大而有力，这时眼球的玻璃体和晶状体感光度强，眼睛就闪光发亮。练习眼神的集中，可将两眼平视镜中自己的一只眼，睁大眼凝视。初练时，眼睛不适应，会出现流眼泪、眨眼睛等现象。但通过凝视训练，眼睛逐渐适应后，就不会再次出现这种现象。

3. 眼睛灵活度的训练

眼神的训练不仅要将眼睛练得大而亮，而且要将眼睛训练得更加灵活，使眼珠具有动人的灵活美。可先做有目标的练习，然后再做无目标的训练，即在两眼的左、右、上、下用红布或其他显眼的物件固定在一个点上（目标不要超过视线范围），眼球做左右横线转动，上下竖线的移动或圆圈的运动。练习时头部不动，只用眼睛随目标转动。眼睛转动时，仍要保持绷眼皮状态。初练时，速度可慢一点，随着训练熟练程度的提高可逐渐加快练习速度。当眼睛练得有一定的灵活性时，就可以进行无目标的练习，让眼睛自然地运动。

以上几项练习还应配合面部微笑和基本体态等综合训练。这样才能将眼神的技巧与表达思想感情结合起来，真正体现出眼神的魅力。

（二）面部表情礼仪与训练

面部表情也属于非言语交往，充分运用好面部表情礼仪，可以更好地与他人进行交往。表情是人心理状态的外在表现，有时能发挥言语难以表达的作用，如当你轻轻启动双唇，送给别人一个微笑，可使对方感到欢心、亲切；当你紧蹙眉心，并传达出一个忧心忡忡的神态时，可使对方心慌意乱；当你双眉倒竖、虎目圆睁时，可使对方感到一种威慑。这些都是面部表情传递的效果。面部表情是一种含义深刻的体态语，在交往活动中具有重要的作用。

1. 面部表情的重要性

人的面部表情通过眼睛、眉毛、鼻子、嘴巴以及脸上的肌肉变化表现出来，千变万化。如表情明朗、刚强，给人一种壮美的感觉；表情柔和、舒展，给人一种优美的感觉；表情生硬、扭曲给人的感觉是生气、愤怒。面部表情在交际中应该是明朗、刚强、柔和的，这样才能体现面部表情的大方宁静和轻松柔和。

2. 培养发自内心的微笑

微笑语在人类各种文化中的含义是基本相同的，是真正的"世界语言"，能超越文化而传播。既能缩短人与人之间的心理距离，又能创造出交流和沟通的良好氛围的，莫过于亲切、温馨、发自内心的微笑。微笑在交往活动中传递着温馨友好的感情，像磁铁一样吸引着交往对象。要做到这一点，微笑应是发自内心的，轻松、友善、美好、真诚的微笑，切忌虚假做作的微笑。

对大多数人而言，无论何时何地，不断保持温柔的笑脸并不困难。只要养成每天微笑的习惯，你就会天天露出美妙的笑脸（图1-5、图1-6）。

图1-5 顶书夹筷练微笑 　　　　图1-6 含筷练微笑

 知书识礼

注意微笑的养成训练

在人际交往中要善于微笑。避免苦笑、狂笑、冷笑、狞笑、皮笑肉不笑等使人不悦的笑容。保持迷人的微笑才能使人际交往更加和谐。微笑的养成训练一般可采用如下几种方法：

1. 情绪记忆法

多回忆美好往事，纵然遇到不如意、悲伤、辛酸的事情，也要提醒自己"保持笑容"。

2. 他人诱导法

面对镜子，听他人讲笑话，同时纠正笑姿。镜中的自己要保持正确的站姿或坐姿，微笑是轻快自然的，切忌矫揉造作的皮笑肉不笑。

3. 发声训练法

先面对镜子深呼吸，然后慢慢地吐气，并将嘴角向两侧对称牵动，往耳根部提拉，发出"一"或"七"的声音。

4. 携带卡片法

经常在自己的皮夹中放一张写有"微笑"两字的卡片，随时随地提醒自己保持微笑。

📖 知书识礼

充满正能量的身体语言

1. 看起来像一位胜利者，抬头挺胸，面带微笑，眼神有力。
2. 尽量舒展身体。
3. 双手轻轻地合着或自然放松。
4. 与别人对话的时候，可将身体微微前倾。
5. 让明亮的光线照亮面部。
6. 让一切都处于积极向上的状态。
7. 让自己总是保持"准备好了"和警觉的状态。
8. 时刻保持旺盛的精力。

四、服饰

一个对生活充满信心的人，其服饰应是整洁美观的；一个文化素养高的人，其穿戴常常是端庄、高雅的。对待穿衣打扮，每个人各有所好，也体现一种礼貌。讲究服装美，绝不意味着强调高档。"动人春色不需多"，有时一条头巾、一根腰带，便能锦上添花。相反，穿着不得法，再昂贵的衣服也会显得不伦不类。

（一）穿着原则

保持整洁是最起码的服饰礼仪。人们应根据自身的特点和气质选择合适的服装，既要突出个性，又要顾及共性。

1. 讲究协调

（1）要与年龄、形体相协调。如中山装穿在中老年人身上显得成熟、稳重，穿在青少年身上则未免有老气之感。穿衣戴帽也要扬长避短。偏瘦和偏胖的人不宜穿过于紧身的衣服，以免欠美之处凸显。

（2）与职业和身份相协调。从事不同职业的人，对服饰打扮有不同的要求。教师的服饰要求端庄大方，若穿着过分"前卫""时髦"的服装进教室，就会分散学生的注意力；医生的服饰要求稳重、朴实，给病人以可信赖感，若穿红戴绿、珠光宝气，则容易给人带来轻率浅浮的印象；政治家、公众人物的服饰往往成为媒体关注报道的话题，更不可掉以轻心。

（3）与环境场合相协调。在喜庆的场合不能穿得太古板，在庄重的场合不能穿得太随便，在悲伤的场合不能穿得太刺目。

视频：
同样衣服两
种形象

 知书识礼

公务员着装的基本要求

《国家公务员行为规范》第八条"品行端正"中明确规定，公务员应"举止端庄、仪表整洁"。《北京市国家公务员行为规范》也规定，办公室工作穿着要整齐、稳重、大方。工作人员上班时不能穿短裤、运动服，在办公室不得穿着超短裙。《广州开发区公共服务单位文明办公的若干规定》明确规定：公务员上班不能穿九分裤和时尚拖鞋，公务员穿着执法制服时不能佩戴首饰……

2. 不同场合的着装

从服装的分类上看，服装大体可分为礼服、上班装和便服三种。礼服适用于正式的社交场合，上班装适用于上班穿着，便服常见于旅游或运动。

（1）礼服。礼服大致可分为以下三种：① 晚礼服：西方男士的传统晚礼服是燕尾服，得名是其后襟下垂好像燕子的尾巴。而女士的晚礼服一般以闪光织物为面料，上缀珠片和金属线，出席晚间宴会、招待会，显得熠熠生辉，突出女士的高雅与端庄。② 小礼服：小礼服又称常礼服，一般可用于各种社交场合。它的款式比晚礼服简单，男士的常礼服没有燕尾，女士的常礼服长及脚背但不拖地。③ 中国特色礼服：男士的中山装、女士的旗袍是富有民族特色的礼服，近年又时兴唐装及改良版竖领中山装。

目前，对于礼服的要求趋于简化，男士礼服可用深色质料好的西装配上较鲜艳的领带，或中山装乃至唐装。女士礼服可选用旗袍、小礼服，乃至改良版唐装。

（2）上班装。上班装的要求是庄重、整洁。男士可选择西装、质地优良的夹克衫等，女士适合选择裙式或裤式套装，显得大方得体。办公室女士应避免穿过紧、过露或领口开得过低的服装。

（3）便服。便服也可称为休闲服，是人们在闲暇生活中从事各种活动所穿的服装。体育运动时可穿运动装，配上旅游鞋。外出娱乐休闲时可穿T恤、牛仔裤、牛仔裙等。在家休息时，可穿睡衣。但要注意不要穿睡衣接待客人。

学海拾贝

国际通行的服饰TPO原则

T（Time）表示时间，即穿着要应时。不仅要考虑时令变换、早晚温差，而且要注意时代要求。特别是随着社会的发展，人们的着装要求和观念也会发生一定的变化。应尽量避免穿着与流行样式、色彩格格不入的服装。

P（Place）表示场合，即穿着要应地。比如，上班场合应穿庄重的服装，而穿着休闲服装就不太得体，甚至会闹出笑话。如果去参加体育活动或休闲散步也西装革履也不适宜。

O（Object）表示着装者和着装目的，即穿着要应己。这是指穿着不要盲目追赶潮流，而要根据工作性质、社交活动的具体要求、自己的形象特点、气质、年龄等来选择服装。服饰穿戴要塑造出与自己身份、个性相协调的外表形象。

（二）男士穿着

1. 西装

西装一般由衬衫、外套、领带、长裤和配套的鞋袜组成，至今仍是公务员与商务人士的正装。它的穿着比较讲究，否则就显得不伦不类。

（1）衬衫。衬衫一般应选用硬领尖角式的，领口一定要挺直，不能有熨斗熨痕，领子要比外套高出1.5厘米左右，并贴紧。颜色要考虑与外套相配，以纯色为宜，其中白色为最容易搭配的颜色。袖口略长出西装袖口约2厘米。下摆要塞进裤腰里，不要放在外面。衬衫配领带时，应把所有的扣子系上，不能将袖子卷起。不系领带时，最上面的扣子不要扣。

（2）外套。新买来的西装在穿着之前，要把袖子上的商标剪掉。西装外套穿着要求挺拔，不能有皱褶。衣长以略高于臀线为宜。西装有双排扣和单排扣之分。双排扣的西装比较庄重，一般要把扣子系好，不宜敞开。单排两粒扣的西装是传统规范的式样，其扣法很有讲究：只系上面一粒——庄重；敞开都不扣——潇洒；两粒都扣——呆板；只扣最下面一粒——流气。近年来流行三粒扣的西装，扣好上面两粒为佳，只扣中间一粒也行，全都扣或不扣也未尝不可；切忌只扣最下面一粒，也不宜只扣下面两粒。西装外套上的口袋只是装饰性的，一般不装东西，以保持平整。左胸的口袋，也只可插鲜花或手帕。三角形、三尖形、双尖形、花瓣式等形状的手帕，能使男士平添风度。切忌把钢笔、记事本等装在左胸外口袋，这些小物品可放在外套左右胸内侧口袋里。

视频：
西装穿着

（3）领带。穿着西装时，领带起着画龙点睛的作用。首先要注意领带的色彩要与外套协调搭配。领带系好后，上面宽的一片比窄的一片略长，其长度以大箭头垂到腰带下沿处为佳，可上下浮动一寸左右，如果垂到腰带下两三寸或吊在腰带以上就不雅观了。

视频：
领带

（4）长裤。西装长裤的裤长以裤脚接触脚背，一般达到皮鞋后帮的一半为佳。裤线要清晰、笔直。裤扣要扣好，拉链全部拉严。

（5）配套的鞋袜。"西装革履"意味着穿西装一定要配皮鞋，千万不要穿凉鞋、布鞋、旅游鞋等，而且皮鞋要擦亮。黑色皮鞋可配各种颜色的西服，其他色彩的皮鞋要与西服的颜色相同或接近才能相配。

配袜子也应讲究，不可忽视。袜子的色彩应选择与皮鞋相同或接近的颜色。不宜用白袜子配黑皮鞋，男士切忌穿女士常用的肉色丝袜。

2. 中山装

中山装是中国特色的男士服装，承载着中华文化和礼仪，无论是作为正装还是便服，都能体现男性的个性。尤其是近年改良后的中山装，更多了别致清雅的韵味（图1-7）。

中山装是孙中山先生本着"适于卫生，便于动作，宜于经济，壮于观瞻"的原则，亲自主持设计的服装。其优点主要是造型均衡对称，外形美观大方，穿着高雅稳重，活动方便，既可作礼服，又可作便装，凸显男性沉稳老练、庄重大方的气质，增添儒雅之韵味。

在正式场合，以套装为宜。一般场合，瘦腿裤、牛仔裤也不宜配中山装上衣；裤子以深色为宜；衬衫以白色立领为优选。

在正式场合穿中山装时要"纽必扣"，切忌为图舒适而敞开领扣，以免

图1-7 中山装

显得不伦不类，有失风雅和严肃。

（三）女士着装

1. 女士着装须知

对于爱美的女士来说，了解着装常识，使自己着装得体、大方就显得十分必要。

（1）考虑自己的身材特点。身材矮胖的人，应避免选择过于鲜艳的衣服，而应穿着垂直线条式样、颜色素雅、剪裁合体的服装。身材高瘦的人，要避免穿着垂直线条或过于暴露的衣服。

（2）选衣时还要考虑自身的肤色。肤色白皙的人穿什么颜色都合适，肤色较黑的人则最好选颜色素雅、较明亮的颜色。

（3）衣着搭配要协调。一般来讲，上衣与下装的质地款式应相配，不要上衣十分厚重而下装又极轻薄，也不要上着职业装而下着牛仔裤。除此之外，还要讲究色彩的和谐统一，以下几种色彩搭配法，可供参考：

呼应法：指上下同色或类似色，这是最平衡、和谐的搭配。

对比法：指上下为对比色，如白与黑、红与黑等。这样的搭配能够产生鲜明的效果，但也一定要注意分寸，否则反而会弄巧成拙。

点缀法：指在主色调的基础上突出醒目的小块他色，起到点缀的作用。比如在深色的套装内翻出白色或花色的领子，就会使厚重的颜色生动起来。

（4）服装与鞋子要搭配。在颜色款式上搭配好服装与鞋子。比如套装配皮鞋、运动装配旅游鞋等。

视频：
女士套裙与鞋袜

2. 旗袍

旗袍原是满族的传统服饰，20世纪上半叶由民国服饰设计师在参考满族女性传统旗服和西洋文化基础上设计的一种时装，其线条明朗，贴身合体，充分展现了女性的曲线之美，具有中国女性服饰文化的象征意义（图1-8）。旗袍以其流动的韵律、潇洒的画意与浓郁的诗情，表现出中华女性温柔、贤淑、典雅、清丽的特性与气质。旗袍在20世纪20年代成为我国城市女性时髦的"文明新装"，改革开放以来又被作为一种具有民族风韵的正式礼服出现在各种社交礼仪场合。

旗袍的穿着有讲究。旗袍应作为礼仪服装，不宜作为宾馆饭店的工作服。穿旗袍骑自行车很不相称，穿旗袍下厨房搞卫生很不方便，穿旗袍时如果头发染成五颜六色就很不得体，穿旗袍时如果袜头从开叉露出就会很不雅观。穿旗袍后要站有站相，坐有坐相，行有行相，

图1-8　旗袍装

跷腿、叉脚、抬腿蹬凳子等都是不雅观的行为。

穿旗袍的注意事项

（1）旗袍不要连续穿着多日。

（2）要留意尖锐的物件，以避免旗袍钩洞或抽丝。

（3）不要将袖子高高卷起。

（4）由于旗袍一般是由丝绸制成的，所以在清洗时一定要注意不能用加酶的洗衣粉。

（四）装饰品的佩戴

装饰品是人们装束的点缀，并非多多益善，既可画龙点睛，亦可画蛇添足。

1. 适应场合

高档珠宝首饰适用于隆重的社交场合，不宜在工作、休闲时佩戴。

2. 适合身份

选戴首饰要与自己的性别、年龄、职业及角色相适应。青少年学生一般不宜戴首饰；公务员穿着执法制服时不能佩戴首饰，平时佩戴的饰物以少为好。

3. 扬长避短

选戴首饰要考虑自己的身材、脸色、衣服款式等因素，注意扬长避短。比如体型较胖、脖子较短的人应选佩较长而细的项链；身材苗条、脖子细长的人，最好选佩宽粗一些的短项链，以弥补美感之不足。

4. 量少为佳

炫耀性地佩戴众多首饰显得俗不可耐。若有意同时佩戴多种首饰，总量上不可超过三种。只有新娘可以例外。

5. 色质相同

若同时佩戴多件首饰，应力求色彩、质地相同。避免给人五花八门、眼花缭乱之感。

6. 佩戴得法

项链通常只戴一条，不宜同时戴着金项链、珍珠项链等；耳环讲究成对佩戴，且不宜在一只耳朵上同时戴多只耳环；手镯戴一只或两只皆可，但也不宜在一只手上戴多只手镯；手链通常只在左手上戴一条，不宜双手同时戴手链；胸针通常别在西装左侧领上或左侧胸前。

课内外活动建议：

1. 情景演练： 在课堂上选择一位穿好西装的男士做讲解时的示范，并模拟各种不得体穿法，评议其效果；男生课后练习系领带。

2. 观察体验： 每天出门之前，尤其是参加社交活动前，照照镜子，对照《镜箴》的要求，整理仪表，给自己一个自信的微笑。

3. 实践训练： 女生在课后找个适当场所练习化妆，再配以服饰相互观摩、评点、改善、欣赏。

4. 思辨讨论： 第一印象的首因效应。

第二节　举 止 风 度

礼仪格言

未曾学艺先习德，未曾习武先学礼，未曾开口先有礼。

举止，即一个人的形体姿态、行为动作，也包括体态语，它反映一个人的性格、心理、感情、素养和风度。个人的礼仪修养正是通过其一举一动表现出来的。

一个人即使有出众的姿色，时髦的衣着，但如果没有相应的行为美，就破坏了自己的形象。人们的仪态举止应该体现秀雅端庄的行为美。

一、基本要求

（一）尊重他人

行为举止要考虑是否有礼貌，是否会伤害他人。有的人衣冠楚楚，却举止粗俗，旁若无人，这是不够尊重他人、缺乏教养的表现。

以日常生活中常见的递交物品为例，把握递交物品的三原则：安全、便利、尊重。

若递刀递笔给他人，就必须"授人以柄"，递送时千万不要把刀尖、笔尖对着他人，并要等对方接稳后才能松手。

端茶递水最好双手递上；注意不要溅湿他人的衣服；要讲究卫生，捧茶杯的手不

要触及杯口上沿。

若递交书本、文件时，要尽量双手递上，让文字正向朝着对方，使对方一目了然，不能只顾自己方便而让他人接过书本、文件后再倒转一下才能看清文字。

总之，尽可能地给对方以方便，就是对他人的尊重。

（二）大方，得体，自然

站有站相、坐有坐相、行有行相。要率直而不鲁莽，活泼而不轻佻，工作时紧张而不失措，休息时轻松而不懒散，与宾客接触时有礼而不自卑。

一个人的气质、风度及其礼仪教养不能仅靠高档的服饰装扮而成，更不能靠人们拥捧而就，而是靠长期积淀的内涵，在一举一动中自然体现出来的。

（三）把握举止的分寸

行为举止应恰到好处。如果过分就显得做作、虚假，使人感到别扭。应注意把握举止三要素：情境、角色、距离。

1. 人们的行为举止应随着情境的变化而变化

在办公室与在运动场，在教室与在足球场看台上，出席婚礼与出席葬礼，朋友聚会与商务谈判……人们所表现出来的举止不同，才是正常现象。

2. 人们的行为举止要有角色意识

如果主从不分，没大没小，反客为主，不是别有用心，就会贻笑大方。人是社会的一分子，行为举止不能为所欲为。特别是官员、军人、教师等类型的人物，其行为更应端庄稳重。

3. 人们的行为举止要有距离的概念

男女同学之间如果经常靠得太近，未免有"相处过密"之嫌；情侣之间如果离得太远，就有闹别扭之感。在社交活动中，人与人之间相处时，距离的远近具有特定的含义，见表1-1。

表1-1　人与人之间相处距离远近的特定含义

距离/米	类别	语意	适用
<0.45	亲密界域	亲密无间、爱抚、安慰	恋人、夫妻、长辈与幼儿交流
0.45—1.2	个人界域	亲切、友好、融洽	朋友、同志、同事谈心
1.2—3.6	社交界域	庄重、严肃、认真	会见外宾、商务谈判
>3.6	公众界域	公开、大度、开朗	演讲、报告、讲课

日常交往中的距离

除非特殊亲密者，不能闯入45厘米的亲密界域禁区。日常朋友之间交谈的距离最好是75厘米左右。太远，则亲切感较淡；太近，则不仅有气息扑面、唾沫溅身之忧，而且使人产生一种压抑感。

二、仪态美的基本要求与训练

中华民族是一个非常注重仪态修养的民族。清朝《弟子规》中写道："步从容，立端正，揖深圆，拜恭敬；勿践阈，勿跛倚，勿箕踞，勿摇髀；缓揭帘，勿有声，宽转弯，勿触棱。"这些要求对于现代人来说仍具有积极的意义。仪态美是一种深层次的美，现代人应讲究仪态端庄、行为优雅。同时其内在素质与外在表现也应和谐一致，才能使仪态美的魅力更富有永久性。

（一）站姿

常言道"站有站相""站如松"，其意思是人应站得要像松树一样挺拔，同时还需注意站姿的优美。在现实生活中，女士和男士的站姿有不同的美感：女士应是亭亭玉立，文静优雅；男士应是刚劲挺拔，稳健大方。

1. 站姿的基本要求

（1）正确的站立姿势。正确的站立姿势应是：端正，庄重，具有稳定性。站立时的人，从正面看去，以鼻为点向地面作垂直线，人体应在垂直线的两侧对称，表情自然明朗。具体要求：下颌微收，双目平视前方，面带笑容；脖颈挺直，头顶上悬，精神饱满；两手臂放松，自然下垂于体侧，虎口向前，中指触裤缝，手指自然弯曲；双肩平齐放松、舒展微向后张，气下沉，呼吸自然，上体充分挺直；脊椎、后背挺直，胸略向前上方挺起；腹肌、臀大肌微收缩并向上提，臀、腹部前后相夹，髋部两侧略向中间用力，两腿并拢立直，这样大腿肌肉会出现"紧张感"，给人以"力度感"；两脚跟相靠，脚尖开度为45°～60°，身体重心落在两脚中间。

（2）注意防止不良站姿。生活中每个人都有自己独特的站姿。如果不注意培养标准的站姿，久而久之就容易形成某种不标准姿态。例如：歪着脖子、斜着肩或一肩高一肩低、弓背、挺着腹、撅臀或身体依靠其他物体等；两腿弯曲、叉开很大，以

视频：
站姿

及双手叉腰、双臂抱在胸前、两手插在口袋等；喜欢摆弄领带、衣带、发辫、咬指甲等。这些姿态都是不雅和失礼的，从形态上看都是不美的，影响人的举止风度。因此要加以矫正。

（3）努力矫正不良站姿。站立时要达到身体挺拔，首先，身体肌肉应做到既紧张、又放松，如头顶上悬、肩下沉，腹肌、臀肌形成夹力，髋上提，脚趾抓地等协调配合。其次，要不断地提高自身的修养，加强内在素质的培养，在性格、意志上磨炼自己，使自己的形态能给人一种挺拔向上、舒展健美、庄重大方、亲切有礼、精力充沛的印象。

2. 站立姿势与手位动作

站立时，手位动作也因场合、角色、性别的不同而异，并且有一定的规矩。

（1）男士的站姿。在正式场合，男士的站姿应为"挺拔式"的姿势。学习仪仗队的站立姿态，做到身体直立，抬头挺胸；两膝并严，脚跟靠紧，脚掌分开呈"V"形，提髋立腰，吸腹收臀；双手放至裤缝处，双眼看着主要人物。

从事服务业的男士站姿应做到身体立直，挺胸抬头，下颌微收，双目平视；两腿分开或两脚平行，略与肩宽；双手在身后交叉，即右手搭在左手上，贴在尾骨处。

在非正式场合，男士站姿可用"随意式"或"潇洒式"的站姿。比如，遇到亲朋好友，就可随意些，言谈时可以加手势，显得潇洒、活泼。总之，在较轻松、随和的场合，随意些才能融洽地同你的朋友进行交流。否则，一本正经地拒人以千里之外的站姿，会让人觉得你很难接近，但仍然要注意抬头、挺胸、收腹，保持身体的直立。

（2）女士的站姿。在正式场合，女士站姿应体现出挺、直、高的姿势。要求做到：抬头，双目平视，表情自然；腹部平收，胸部向前上方挺出，手臂在身体的两侧自然下垂，手心向里，中指微贴裤线。从侧面看，从耳与面相接处至脚的踝骨前侧，要拉成一条竖直的虚线，给人以亭亭玉立的美感。

在服务行业中，女士站姿应做到身体立直，挺胸抬头，下颌微收，双目平视，面带微笑；两膝并严，脚跟靠紧，脚掌分开呈"V"形或呈平行；提髋立腰，吸腹收臀，双手在腹前交叉，即右手搭在左手上，置于腹部。

女士站姿的腿部造型还可以两脚尖向外略展开，右腿（左脚）在前，将右脚跟（左脚跟）靠于左脚（右脚）内侧（脚弓处），形成左丁字步或右丁字步。双手在腹前交叉，身体重心在两脚间（图1-9、图1-10）。

另外，当站的时间过长、太累时，可变换为调节式站立。比如，身体重心偏移到左脚或右脚上，另一条腿微向前屈，可以稍稍弯腰，脚部放松等，但上身须保持正直。总之，刚劲挺拔、亭亭玉立、文静优雅的站姿是每个人情趣、品位、修养的直接反映。

图1-9　正面站姿　　　　　图1-10　侧面站姿

站姿实践操作与注意事项

1. 靠墙站立练习

要求脚跟、小腿、臀、双肩、后脑勺都紧贴墙，每次坚持15~20分钟。练习站立者动作的持久性和挺拔感（图1-11）。

2. 背靠背站立练习

要求背靠背，双方的髋部、肩部、后脑勺为接触点，练习站立动作的稳定性（图1-12）。

图1-11　靠墙站立练习　　　　图1-12　背靠背站立练习

3. 面对训练镜练习

要求在正确的站姿基础上，结合脸部表情练习（重点是微笑），使规范的站立姿态和热情的微笑相结合，完善站姿的整体形象（图1-13）。

图1-13　面对训练镜练习

以上练习中，要注意肌肉张弛的协调性，要挺胸立腰，呼吸要自然均衡，面带微笑，同时注意站立时要以标准站姿的形体感觉为基础，进行整体规范动作训练。正确的站姿应体现在每个人的生活、工作中，融入自身的行为举止中，从而养成习惯。只有正确规范的动作与自然相结合，才能运用自如，分寸得当，使人感到既有教养又不造作。

（二）坐姿

坐姿是人际交往中最重要的人体姿势，它反映的信息也非常丰富。端庄优美的坐姿，会给人以文雅、稳重、自然大方的美感。坐姿文雅优美，并非一项简易的技能，坐姿要求"坐如钟"，即坐相要像钟那样端正。正确的坐姿是仪态的主要内容之一，无论在工作、学习还是生活中都离不开坐。坐，作为一种举止，同样有美与丑、优雅与粗俗之分。

1. 坐姿的基本要求

（1）坐姿的基本规范。优美的坐姿是端正、优雅、自然、大方的。规范的坐姿是：入座时，要走到座位前面再转身，转身后右脚向后退半步，然后轻稳地坐下；入座后，上体自然坐直，双肩平正放松，立腰、挺胸，两手放在双膝上或两手交叉半握拳放在腿上，亦可小臂平放在椅子或沙发扶手上，两臂微屈放在桌上，掌心向下。两腿自然弯曲，双脚平落地上，双膝应并拢或稍稍分开，但女士的双膝必须靠紧，脚跟也靠紧，臀部坐在椅子的中央（男士可坐满椅子，背轻靠椅背）。双目平视，嘴唇微闭，微收下颌，面带笑容；起立时，右脚向后收半步，而后直立站起，收右脚。

（2）各种坐姿要求。按照国际惯例，坐姿可以分为端坐、侧坐、盘坐等。根据不同国家的生活方式和风俗习惯，各有要求。国际上公认的也是最普遍的坐姿是端坐和侧坐。端坐时间过长，会使人感到疲劳，这时可变换为侧坐。侧坐分左侧坐和右侧坐两种，如左侧坐要在保持坐姿的基本要领的基础上，左脚和臀部左摆45°，左摆

视频：
坐姿

视频：
入座

视频：
离座

移动时，两脚跟稍提，脚趾点地，左脚趾随腿左转，同时右脚趾原地向左转，两膝靠拢；左脚左摆到位，两手虎口处交叉，置左膝部之上，同时保持上体的直立。右侧坐则方向相反。无论是哪一种坐姿，都应以娴雅自如的姿态来表达对别人的尊重，给人以美的印象。

（3）杜绝不良的坐姿。不良的坐姿不仅不美，而且会影响身体发育与形体美。生活中我们经常可以看到窈窕淑女翩然而至、轻抹裙裾、款款入座的景象；也会经常看到不修边幅、邋里邋遢的人脚下踢得叮当响，轰然瘫坐在椅子里的现象。从坐姿优雅与否可以看出一个人是否有魅力，因此要坚决避免以下几种不良坐姿：

① 就座时前倾后仰，或是歪歪扭扭，脊背弯曲，头过于伸向前，耸肩。

② 两腿过于叉开或长长地伸出去，萎靡不振地瘫坐在椅子上。

③ 坐下后随意挪动椅子，跷二郎腿时摇腿。

④ 为了表示谦虚，故意坐在椅子边上，身体前倾地与人交谈。

⑤ 大腿并拢，小腿分开，或双手放在臀下，腿脚不停地抖动。

⑥ 就座时，脚尖相对或翘起，双脚踝部交叉，半脱鞋，两脚在地上蹭来蹭去；不停地摆弄手中东西，如头发、饰品、手指、戒指等。

⑦ 女士入座时，露出衬裙。

⑧ 男士在礼仪场合使用"4"字形的叠腿方式或用手把叠起的腿扣住的方式。

以上不良的坐姿都会影响一个人的举止风度，因此在学习标准坐姿的同时，要注意矫正不良的坐姿。

2. 坐姿与手位动作

正确的坐姿可以给人庄重安详的印象，同时也能体现出男士的自信、豁达或女士的庄重、优雅。正确的坐姿与体位的协调配合一致，更能显示出坐姿静态美的魅力。因此，选择良好的坐姿与手位动作是很有必要的。

视频：
男士坐姿腿位练习

（1）男士的坐姿。在正式场合，男士坐姿应采用"坐如钟"的姿势，给人一种四平八稳的感觉。男士应有的坐相为：上体微向前倾，双手放在扶手上；两腿自然弯曲，不要放得太开，也不要收得太拢；头部要自然转动，表情自然。

在工作中，男士坐姿应做到上体挺直，下颌微收，双目平视，表情自然；两腿分开，不超肩宽，两脚平行，小腿与地面垂直；两手分别放在双膝上或双臂微曲放在桌面上（图1-14）。在较为轻松的场合，男士如有需要，可交叠双腿形成"二郎腿"姿势。但在庄重的正式场合，一般不用"二郎

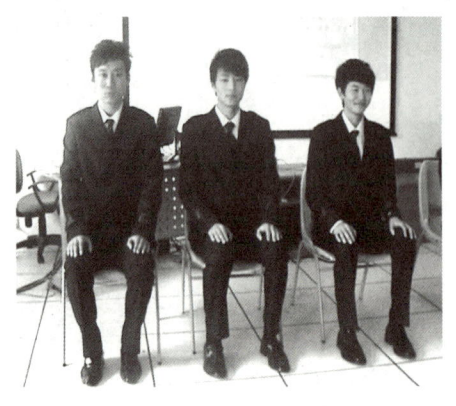

图1-14　男士坐姿

腿"姿势。

（2）女士的坐姿。女士就座时要缓而轻，如清风徐来，给人以美感。在工作场所应上身自然挺直，下颌微收，双目平视，面带微笑；双手轻放双膝上或轻搭在椅子扶手上，两腿自然弯曲并拢，两脚平放；在轻松场合也可右脚（左脚）在前，将右脚跟（左脚）靠于左脚（右脚）内侧，双手虎口处交叉，右手在上，轻放在一侧的大腿上，给人一种文静、雅致、可亲可敬的感觉（图1-15）。

图1-15　女士坐姿

当较长时间端坐很累时，也可适当变换为侧坐或采取"二郎腿"姿势，但脚尖应朝地面，两小腿贴紧，切忌朝天和抖动。

总之，人坐在椅子上可选择不同的姿态，只要正确的坐姿与体位协调配合，各种坐姿都会是优美自然的。

视频：
女士坐姿腿位练习

 知书识礼

坐姿实践操作与注意事项

1. 侧对训练镜，练习入座前的动作

入座时，走到座位前面再转身，转身后右脚向后退半步，然后轻稳地落座。动作要求轻盈舒缓，从容自如。

2. 面对训练镜，练习入座前的动作

以站在座位的左侧为例，先左腿向前迈出一步，右腿跟上并向右侧一步到座位前，左腿并右腿，接着右脚后退半步，轻稳落座；入座后右腿并左腿成端坐，双手虎口处交叉，右手在上，轻放在一侧的大腿上。

3. 练习入座后的端坐姿势

动作要求以正确坐姿规范为基础，配合面部表情，练习坐姿的直立感、稳定性等综合表现（男士、女士各按要求练习）。

4. 坐姿腿部的造型训练

在正确的上身姿势和手位规范的基础上，练习腿部的造型。男士练习两腿开合动作；女士练习平行步、丁字步、小叠步的动作。要求动作变换要轻、快、稳，给人以端庄大方、舒适自然的感觉。

5. 离座动作训练

离座起立时，右腿先向后退半步，然后上体直立站起，收右腿，从左侧还原到入座前的位置。

（三）走姿

最能体现出一个人精神面貌的姿态就是走姿。因为一个人的走姿可以反映他的内心世界，是否奋发进取或失意懒散，以及是否受人欢迎等。行走是人生活中的主要动作，生活中有的人虽然精心打扮、穿着入时，但如果行走姿态不美，也会逊色三分。而有的人尽管服装样式简单，优美的行走姿态却使他气度不凡。人们对走姿的要求是"走如风"，即走起路来要像风一样轻盈而有力度。生活中如何正确地运用标准走姿，是给人留下美好印象的关键因素之一。因此，学习规范的走姿是很有必要的。

1. 走姿的基本要求

（1）正确的走姿规范。标准的走姿要以端正的站姿为基础。要求行走时上身挺直，双肩平稳，目光平视，下颌微收，面带微笑；手臂伸直放松，手指自然弯曲，摆动时，以肩关节为轴，上臂带动前臂，向前、后自然摆动，以前摆35°、后摆30°为宜，肘关节略弯曲，前臂不要向上甩动；身体稍向前倾，提髋屈大腿带动小腿向前迈；正常的走姿，脚印应是正对前方，保持膝关节和脚尖正对前进的方向；然后脚尖略抬，脚跟先接触地面，依靠后腿将身体重心推送到前脚脚掌，使身体前移；行走中的步迹要成为"一条线"或"两条平行线"；步幅一般是前脚的脚跟与后脚尖相距为一个脚长，性别和身高不同，步幅会有一定差异；行走时脚抬得不宜过高也不宜过低；一般男士行走速度是每分钟110步左右，女士每分钟120步左右。

图1-16　引导手势语

（2）手势语的使用。行走中的手势语要求做到：简捷、大方、明了。这样才能在仪态举止方面体现挺拔、优雅、活泼、潇洒的风度（图1-16）。

（3）注意矫正不良的走姿。走路最忌内八字和外八字。忌弯腰驼背，歪肩晃膀。走路时不可大甩手，扭腰摆臀，大摇大摆，左顾右盼。双腿不要过于弯曲或走曲线；步子不要太大或太小。不要脚蹭地面、双手插在裤兜或后脚拖在地面上行走。男士的走姿应注意不要扭扭捏捏、一步一挪，也不要晃晃悠悠，那会给人萎靡不振的感觉。种种不正确的走姿，都会影响你的举止，应及时给予矫正。

2. 步态美的追求

步态美是一种动态的美。对步态美的要求是做到协调稳健，轻盈自然。男士的步态要显示出稳健有力之美（图1-17），女士则要显示出款款轻盈或英姿飒爽之美（图1-18）。

图1-17　阅兵

图1-18　女民兵方阵

（1）男士的步态。在工作场合，男士走路应挺起胸膛，显出朝气，大步向前走；双脚落地要平稳而有力，不拖泥带水；双臂自然摆动，给人以满怀信心的自信感及镇定自如的气度。男士在悠闲时可轻踱慢行，显示出逍遥风度，做到不慌不忙。

（2）女士的步态。步态轻盈是女士走姿的基本要求。轻盈的步态动中有静，静中有动，给人以婀娜多姿的美感。但在步态轻盈的同时要注意稳健、自然、大方，不可上下摇晃，浑身扭动。

女士在工作场所行走时要抬头、挺胸、收腹，身体保持正直；双臂自然下垂，协调地前后摆动于身体两侧；脚尖指向正前方，提髋、膝，迈小腿，脚跟先落地，依靠后腿将身体重心推送到前脚掌；步幅要均匀，频率要适中，落地声不可太大。

另外，不同着装的女士在行走的步态上有所区别：一般以直线条为主的服装比较庄重、大方、舒展、矫健（如西装、套装）；而以曲线条为主的服装比较妩媚、柔美、优雅、飘逸（如旗袍、短裙）。当女士穿短裙或旗袍（以曲线条服装为主）时，要走成一条直线，走路的幅度不宜大，以免短裙或旗袍开衩过大，显得不雅。其动作要领为：两脚跟前后要走在一条线上，脚尖略外开；两手臂在体侧自然摆动，幅度也不宜过大；身体挺拔，胸微含，下颌微收，髋部可随着脚步和身体重心的转移，稍左右摆动。当身着裤装（以直线条服装为主）时，宜走成两条直线。其动作要领为：两脚内侧走成两条直线，注意保持套装的挺拔，保持后背的平正；走路的步幅可略大些，手臂放松伸直自然摆动；不可左右晃肩，扭动髋部。

注意走姿的实践操作

1. 行走稳定性的练习

在保持正确站立姿势的基础上，两臂侧平举，两手各持一碗水，练习行走的稳定性。

2. 动作表情的协调练习

加强和巩固上下肢动作的协调配合，同时结合面部表情、体态语、手势语等进行练习。

3. 各种走姿的练习

练习前行走，后退步，侧行步，前行左右转身步，后退左右转身步，后退向后转身步的动作，以加强因需要转身改变方向时，也能体现出步态的规范。其动作要领：

（1）前行步：向前走时，练习与来宾或同事问候时的仪态举止。动作要伴随着头和上体向左或右的转动，面带微笑，点头致意，并配以恰当的问候语言。

（2）后退步：当与他人告别时，应该先后退，再转身离去。一般以后退两至三步为宜。退步时，脚轻擦地面，步幅小，协调地往后退；转身时，要身先转，头稍后转。

（3）侧行步：一般用于引导来宾，或在较窄的走廊与人相遇时。引导来宾，要尽量走在宾客的左侧前方，左髋部朝着前行的方向，上身稍向右转，左肩稍前，右肩稍后，侧身向着来宾，保持往前两三步的距离。在较窄的路面与人相遇时，要将胸转向对方，以示礼貌。

（4）前行左右转身步：在行走中，当要向左（右）转身时，要在右（左）脚迈步落地时，以右（左）脚掌为轴，向左（右）转体90°，同时迈出左（右）脚。

（5）后退左右转身步：当后退向左（右）转身时，以左脚先退为例，要在后退两步或四步时，赶在右（左）脚掌为轴时，向左（右）方向转身90°，再迈出左（右）脚，继续往前方走出。

（6）后退向后转身步：当后退向后转身时，以左脚先退为例，要在退一步或三步时，赶在左脚后退时，以左脚为轴，向左转体180°，同时右脚后撤移重心，再迈出。

视频：

前行后退，
左右转身

以上的走姿训练，不论朝哪个方向行走都应注意形体的变化，做到先转身，后转头，再配合一些体态语及礼貌用语，以达到整体形象的完美。

（四）蹲姿

在日常生活中，人们在拾地上的东西或取低处物品时，一般习惯采用弯腰翘臀的姿势将其捡或拿起。这种姿势有失雅观。如能恰当地采用正确的蹲姿，将会给人留下美好的印象。

1. 正确的蹲姿规范

当要下蹲取物时，上体尽量保持正直，两腿合力支撑身体，靠紧向下蹲。女士无论采用哪种蹲姿，都要将腿靠紧，臀部向下。举止应自然、得体、大方、不造作，体现出蹲姿的优美。蹲姿一般以交叉式蹲姿和高低式蹲姿为主。

（1）交叉式蹲姿。下蹲时，右（左）脚在前，左（右）脚在后，右（左）小腿垂直于地面，全脚着地，左（右）腿在后与右（左）腿交叉重叠，左（右）膝由后面伸向右（左）侧，左（右）脚跟抬起，脚掌着地，两腿前后靠紧，合力支撑身体。臀部向下，上身稍前倾（图1-19）。

视频：
交叉式蹲姿

（2）高低式蹲姿。下蹲时左（右）脚在前，右（左）脚稍后（不重叠），两腿靠紧向下蹲。左（右）脚全脚着地，小腿基本垂直于地面，右（左）脚脚跟提起，脚掌着地。右（左）膝低于左（右）膝，右（左）膝内侧靠于左（右）小腿内侧，形成左（右）膝高右（左）膝低的姿态，臀部向下。基本上以膝低的腿支撑身体（图1-20）。

视频：
高低式蹲姿

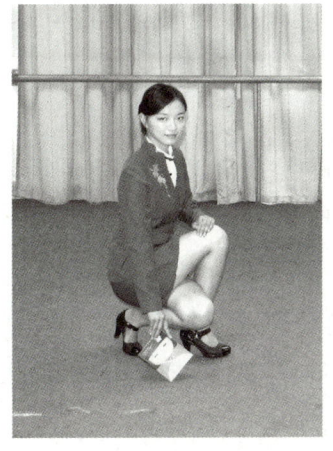

图1-19　交叉式蹲姿

图1-20　高低式蹲姿

2. 矫正不良的蹲姿

下蹲时，不得有弯腰、臀部向后撅起的动作；不得有两腿叉开，两腿展开下蹲的动作，以及下蹲时露出内衣裤等不雅的情形。当要捡起落在地上的东西或拿取低处物品的时候，应使用正确的蹲姿，将东西拿起。

在日常生活中，除了站、坐、走、蹲姿之外，其他动作也是不可忽略的，应时刻加以注意和培养。

三、日常礼节性举止

（一）介绍

介绍是人与人之间初步认识的桥梁，也是社交中常用的礼节。人际交往中可以由他人介绍，也可以自我介绍，但都要体现出礼貌。

1. 介绍规则

介绍的次序要有一定规则，一般是将地位低者介绍给地位高者；将年轻者介绍给年长者；将男性介绍给女性。此外，要将晚到者介绍给早到者；要将自己的熟人介绍给客人。

2. 介绍姿态

在大众场合，介绍时，被介绍到的人应站起来，向大家致意。在一般场合，最好大家都站着，实在有所不便时，也可点头微笑或稍起欠身致意，以示礼貌。介绍人应手掌朝上，分别示意被介绍者，切忌用一个手指示意。被介绍者应站立并面向对方，显示出想了解和结识对方的诚意。介绍完毕后，通常应伸手与对方相握并说声"您好""幸会"之类的话语，还可以重复一下对方的称呼。

3. 介绍语言

介绍时，语态要热情、吐字要清晰、语调要适中，以大家都能听清楚为度。介绍他人相识时，还可以用一两句话引出话题，比如："杨教授，请允许我介绍一下，这位是张立宜先生，我的同事。""立宜，这位就是厦门大学杨波道教授。"

做介绍时，要注意称呼。在正式场合，宜用姓名+职务（职称）或先生、女士之类的通称；在一般场合，还可加些幽默语，如"张立宜先生，我们的礼宾大使"等。一般不宜用"小张""老杨"之类的简称。

4. 自我介绍

自我介绍能打破无人介绍的僵局，显露出热情和坦诚。在向别人做自我介绍时，应自然大方，要有自信，语句简明扼要、实事求是。一般情况下，先以微笑点头向对方示意或应先说声："您好""大家好"，来提请对方注意，然后自报姓名和身份。若有必要，还可以递上名片，以使对方加深印象。

（二）使用名片

名片是社交场合常用的简易工具，必须了解其用途并正确使用，才能发挥其价值。

1. 名片的作用

（1）在社交场合用作自我介绍，这是名片的主要用途。

（2）名片可以使人们在初识时言行举止更自然得体。避免既想了解对方情况又怕触犯别人隐私的尴尬，也可消除介绍自己身份职位的标榜之嫌。

（3）便于初识的人们交流思想感情，无须忙于记忆对方的有关信息。

（4）通过名片可不必与他人见面就能与其相识。必要时，名片可以代替正式的拜访，还可以代替信件来表示感谢、祝贺、慰问、吊唁、辞行、介绍等意。

2. 接送名片

（1）递交要慎重。装名片的盒子要精巧，不宜用简陋的塑料盒。名片不可像发传单那样滥发。递送名片时最好以站立的姿态，用大拇指与食指夹住名片的上角，名片的文字要正对着对方递过去，对方也应站起来双手来接。千万不要用食指和中指夹着给人，这样做是极不礼貌的。

（2）接者要欣赏。接过名片后要仔细地看一遍，并就名片上的内容做赞赏式的简要评价，不要没看一眼就放进口袋，也不要拿着对方的名片玩弄。

（3）收好名片。看完名片后应将名片放好，可以放入名片盒中，也可放在包中。注意不要将名片放在腰以下的口袋中。

（4）回赠名片。接过别人的名片后，要拿出自己的名片递给对方，如果没有名片或未带名片，应致歉、说明原因并做自我介绍。

（三）握手

握手是世界上最常见的一种礼貌举止。

1. 握手方式

两人相距一步站立，上身稍前倾，伸出右手（不能用左手），拇指向上伸开，四指并拢，掌心向左，高低基本与对方腰部上方齐平，握住对方之手。

有时还可双手相握，这种手套式的握手意味着更尊重、亲切，是向对方表示他是完全诚实可信的，因为把双手都交给了对方。当然，一般性社交握手不必用此方式。

还有一种方式，右手相握，左手扶对方右臂，这种方式表示非常亲密，通常在亲人或要好的朋友之间才用，一般人不可冒失地使用。

如果对方是长辈、上级或女士，则握力稍小。与晚辈或下级握手可适当用力，这样会给对方以信任的感觉。

握住手后，可上下稍微晃动两三下，不要左右猛摇，也不要时间过长。握手的力度要适中，如果两个人比较熟悉或久别重逢，力度可以大些，时间也可长些。

在握手的同时，还可说一些礼貌语，如"您好""认识您很高兴"等。当知道对方受到表彰或有喜事时说"恭喜您""祝贺您"表示祝贺。欢迎客人时，可说"欢迎您""欢迎光临指导"，送客时说"祝您一路平安"，表示祝福。

握手时要注意目光交流，微笑致意。脸上要有表情，否则可能被别人认为是应付。

视频：
握手

2. 握手次序

应把握尊者优先和女士优先的原则，即将主动权让给尊者和女士。

长辈与晚辈之间，应是长辈主动先伸手，晚辈立即响应；在男性与女性之间，应由女士先大方地伸手，男士有礼貌地响应。当一个人要与两个以上的人握手时，也应按上述次序进行。但是在公务或商务等特定场合，讲究的是级别高者优先，如男总经理与女秘书，肯定是总经理优先。但人的身份是随着情境的变化而有所改变的，如一个人在公司是总经理，在家里是儿子、丈夫或父亲。同样，握手的次序也应随着情境的变化而改变。如在办公室是级别高者优先，在家族聚会、婚丧酒宴则应长辈优先，在同学及朋友聚会、舞会和一般公共场合则应女士优先。

在表示特别感谢、祝贺、慰问等特殊场合，晚辈、男士也可先伸手。

在主客之间，迎客时主人应先伸手，以示欢迎；告别时，客人应先伸手，表示感谢。告别时，若由主人先伸手，就有逐客之意。

3. 注意事项

（1）伸手时右手掌要与地面垂直，以示友好、平等。

如果伸出的手掌心向上是顺从性的握手姿势，以示谦恭、服从，乃至乞求、巴结；如果伸出的手掌心向下是控制性的握手姿势，表达的是居高临下、傲慢，支配控制对方之意。

（2）握手时，必须注意目光交流，适当寒暄。切忌与对方握手时目光游移，左顾右盼，与第三人谈话。

（3）通常握手只能一对一，不能几个人交叉握手，要等别人握完后再握。

（4）不能戴手套与人握手，女士戴的礼服手套除外。

（5）不要用湿手、脏手或有疾病的手与人握手。如果对方已伸手，你应该亮出双手，简单说明情况表示歉意，以求得谅解，才不至于失礼。

（6）跨门槛时不可握手。宾主告别时，要注意跨门槛（一只脚在门槛里面，另一只脚在门槛外面）时，不可握手。

学海拾贝

握手礼的起源和含义

握手起源于远古的摸手礼。据说原始人为了说明手中没有武器，表示友好，就会伸出右手，并且让双方摸一下。现代人的握手礼表示致意、亲近、友好、寒暄、道别、祝贺、感谢、慰问、鼓励的意思。

（四）鞠躬

鞠躬是我国古代传统礼节之一，至今仍是人们见面表示恭敬、友好的一种人体语言。在日本、朝鲜、新加坡等国，这种礼节也普遍被人们所接受和使用。

1. 鞠躬方式

行鞠躬礼时，行礼者在距受礼者2米左右，身体立正，面带微笑，目视受礼者，女性鞠躬时手合拢，自然放在身前并弯下身子；男士则将双臂自然下垂在身体两侧，同时弯腰，在一定程度后恢复原态。受礼者一般鞠躬还礼，长者、贤者、女士、宾客还礼时可不鞠躬，欠身点头即可。

2. 鞠躬程度及含义

弯腰度数因场合、对象的不同而有所区别。一般而言，角度越大，表示越谦恭，对被问候者越尊敬。

（1）一般致礼：弯15°左右，表示一般致敬、致谢、问候。

（2）敬礼：弯30°左右，表示恳切致谢和歉意。

（3）敬大礼：弯45°左右，表示很诚恳地致敬、致谢和致歉。

（4）敬最大礼：弯90°左右，在特殊情境，如在婚礼、葬礼、谢罪、忏悔时才行90°大鞠躬礼。

和握手相比，鞠躬表达的敬意更深一些，常用于婚丧节庆、演员谢幕、讲演、领奖等场合，以及下级对上级、服务员对客人、朋友初次见面时的礼节。特别是在大众场合，个体与群体的交往时，个人不可能和许多人逐一握手时，则以鞠躬代之，既恭敬，又节约时间，值得大力提倡。

（五）其他行礼方式

1. 欠身

欠身是向别人表示自谦的礼貌举止，等于在向对方致敬。它与鞠躬略有差别。鞠躬要低头，而欠身仅身体稍向前倾，但不一定低头，两眼也仍可直视对方；鞠躬一定要站着，欠身可站着，亦可坐着。

2. 点头

这是与别人招呼时常用的礼貌举止。通常用于会场、路遇和迎送的场合。尤其是在会场不便说话之时，在迎送者有许多人时，可以用点头向许多人同时致意。

3. 起立

这是向尊长、来宾表示敬意的礼貌举止。常用于上课前学生对老师，开会时对重要领导、来宾、报告人到场时的致敬。平时，坐着的位低者看到刚进屋的位尊者，坐着的男子看到站立着的女子，或者在送他们离去时，也都可以用起立以表示自己的敬意。

4. 举手

这也是与别人打招呼的礼貌举止。手举过头，通常用于和对方远距离问候；手不举过头常用于和对方中距离问候；手举过头并左右摆动，常用于送别场面，表示依依不舍、再会。

5. 拱手

这是人们互致敬意的礼貌举止。拱手即双手相抱，上举齐眉，下至胸前，上下摇动几下，表示致敬、庆贺。拱手是一种极具中华民族特色的礼节，它既可以避免人数众多时握手的不便，又不受距离的限制，特别适用于春节拜年、单位团拜、亲朋好友聚会或向别人祝贺时。

学海拾贝

我国延续至今的揖礼

揖礼属于相见礼，据考证大约起源于周代以前，有3 000年以上的历史了。武王伐纣灭商而建立周朝，武王死后，其子周成王年幼即位，由叔叔周公旦摄政，周公建立了周朝的各项典章制度和礼乐制度，确立了以宗法制度为中心的政治体制。揖礼开始大行于天下。

揖礼是汉礼之核心。古代文人雅士见面行揖礼，不仅有表示钦佩之意，更是对礼仪之邦传统谦逊思想的传承。随着古礼在历史长河中不断变化，揖礼就渐渐演变成了我们现在的拱手礼。

2020年新冠疫情暴发。在这样一个特殊的时期，往日再平常不过的握

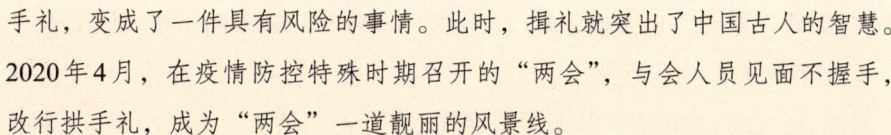

手礼，变成了一件具有风险的事情。此时，揖礼就突出了中国古人的智慧。2020年4月，在疫情防控特殊时期召开的"两会"，与会人员见面不握手，改行拱手礼，成为"两会"一道靓丽的风景线。

6. 合十

合十即两手合拢放在胸前。这是兼有敬意和谢意礼貌的举止，这种礼节举止文雅，雅俗共赏，所以不少人也乐于采用。

7. 鼓掌

这是表示赞许或向别人祝贺的礼貌举止。通常用于在聆听别人的讲话或表演结束后，用以表示自己的感谢、赞赏、钦佩或祝愿。鼓掌一般当然要有声响，但也可以不出声而仅做出鼓掌的样子，不过应该让对方直接看到。注意击掌时两边手指不要像行合十礼那样重合，可呈相握状；鼓掌时，手掌在胸部高度为宜。

四、举止忌讳

在日常生活和社交场合，不少人在不经意中表现出令人难堪、感到别扭的动作举止。这虽属小节，但有损个人的整体形象，并会影响社交的效果，应给予足够的重视。

（一）避免不雅行为

1. 忌当众整理衣裤

在社交活动前，必须穿戴整齐。特别是出洗手间前，不得匆忙，应照照镜子，先检查、整理好服饰，再从容出来。切忌边走边拉拉链、扣扣子、擦手甩水。

2. 忌当众从身体内发出异常声音

放屁、打嗝、打哈欠之类应尽可能避免；咳嗽、打喷嚏、吸鼻涕等也应尽量防止，实在无法忍受，也应侧身掩面轻声而为之。

3. 忌当众抓挠身体

当众伸舌头、挖耳鼻、揉眼睛、搓泥垢、剔牙齿、修剪指甲、梳理头发、抓耳挠腮等均属不文雅的行为。若身体不适非做不可，起码要有所掩饰而为之，最好去洗手间处理。

4. 忌口腔发出异味

参加社交活动前，不宜吃带有强烈刺激性气味的食物（如烈酒、咸鱼、螃蟹、葱

蒜等）。如果难以避免，也要刷牙漱口，以免因口腔异味熏人而引起人们反感。

5. 忌旁若无人，动作夸张

一般而言，在公共场所旁若无人地手舞足蹈、高声谈笑、大呼小叫是一种很不文明的行为，应该避免。当然，在观看体育比赛和庆祝会之类的场合，另当别论。在人群集中的地方，交谈者应该低声细语，声音的高低以不干扰他人为宜。但在朋友聚会和酒宴的场合，要避免与人耳语或窃窃私语。

6. 忌在公共场所进食

在大庭广众之下最好不要吃东西，更不要出于友好而逼别人分享你的食物，最好也不要边走边吃。

7. 忌破坏公共卫生

遵守公共活动场所的规则，保持公共卫生是每个公民应尽的义务。随地吐痰，乱扔烟蒂、纸屑和其他废物都是缺乏教养的行为。如果非吐非扔不可，那就必须找到垃圾桶或进卫生间再行动。便后不冲水的行为也很不文明。

8. 忌在众目睽睽之下随意放松自己

不要在他人面前躺在沙发里，趴或坐在桌上，跷起二郎腿。走路脚步要放轻，不要咯咯作响。遇到急事时，不要惊慌失措，急不择路，慌张奔跑。

（二）防止冒失行为

1. 不要乱闯乱进

标有"游客止步""闲人勿进"之处不得擅入；对非公共场所，如他人办公室、私人住宅、宿舍、工地等，非经允许不得随便进入，即使如约而至，也得先敲门得到回应后进入；会议、宴会非请勿入，还要根据自己身份或有关安排而落座。

2. 不要冒犯他人的尊严

对陌生人尤其是女士不要盯视和跟踪。对老人、残疾人的动作不要模仿，这是极不文明的行为。当他人进行私人谈话或打电话时，不可故意接近，以免有偷听之嫌，更不能偷窥别人的隐私。见他人有不幸之事，不可有哄笑之举。自己若妨碍了他人，应致歉；受人帮助，应道谢。

3. 不要开过分的玩笑

当他人独处时，不得做出令其惊吓的行为，更不能乘其不备，出其洋相。只想自己开心，不顾他人尴尬，是很失礼的行为。过分的玩笑还会造成对他人的伤害。

课内外活动建议：

1. **情景演练：** 按规范要求，进行站、坐、走、蹲的姿势训练，并在课堂上模拟握手、鞠躬等各种行礼方式以及递交钢笔、书本等动作，评点其效果。课后练习端茶递水等动作。以加深对递交物品原则的理解。

2. **观察体验：** 日常生活中行为举止的分寸。

3. **实践训练：** 课后进行举止训练。

4. **思辨讨论：** 在日常生活中应如何避免不雅及冒失举止？

第三节　说　话　艺　术

礼仪格言

> 好言一语三冬暖，恶语伤人六月寒。

前面讲的仪表、举止属于无声语言，所谓"未曾说话先有礼"，而一旦开口就更应该有礼了。

我们中华民族是善于运用语言艺术的民族。我国古代，特别是春秋战国时期策士如云，说客如雨。他们四方游说，留下许多千古佳话。在交际活动中，语言作为一种最基本的媒体形式，在很大程度上关系到交际行为的成败。大到"一言兴邦，一言丧邦"，小到"好言一语三冬暖，恶语伤人六月寒"，都说明了特定语言的意义和作用。

一、说话的基本要求

（一）有效性

不被接受的话等于白说，因此说话的有效性是讲话者首先要考虑的问题。

1. 练就好声音

如果你拥有好嗓音，就能使交谈双方感到愉悦，往往可以给对方留下深刻的印象。所谓"好"，一般是指吐字清晰、悦耳动听、生气勃勃；相反，"坏"则是指吐字模糊、尖锐刺耳、鼻音混浊，令对方听不清，甚至令人反感。

注意声音的训练

1. 基本功的训练

构成声音的三大系统是呼吸、共鸣与发音，其中呼吸是最基础也是最关键的。因此呼吸训练十分必要而且应持之以恒。练习呼吸的方法是：抬头，扬颌，挺胸，收腹，直立站好，全身处于放松的状态，然后鼻和嘴吸进一口气，这时可以感觉到横膈膜下降，胸腔两肋张开，胸腔全面扩大，然后再将气慢慢呼出。全部呼出后，再按该步骤重复。每天坚持练5~10分钟，你会感觉声音不飘浮，有了坚实的支点，而且响亮圆润起来。

另外，要克服女性常见的尖嗓音和男性常见的鼻音。训练方法是右手肘部支撑桌面，手背支撑下颚，接着把头抬起，让下颚与手背之间保持6厘米左右的距离。做打哈欠的姿势，发出"呀"的声音，使下颚触到手背。左手平放在锁骨以下的胸部，来体会震动。这样做的目的是松弛下颚、舌、喉咙和口腔，有助于克服坏声音。

2. 阅读练习

选择一段文章，大声朗读并录音，主要是观察声调语速、清晰度、节奏感等方面质量如何，发现问题及时改进。另外，也可留意播音员、话剧演员的声音，有目的地学习。

2. 语言要有时代感

语言是有时代性的，有些古语或以前年代的语言，由于社会环境的变化，已经难以被现代人所接受。如"父母在，不远游""新三年，旧三年，修修补补又三年"之类的警言就有"隔世之语"的感觉。

3. 要注意对方心态和时机

讲话时，要考虑对方能否听得懂，是否感兴趣，接受程度怎样。对牛弹琴，大可不必；班门弄斧，贻笑大方；扬汤止沸，适得其反。在特殊的日子、特定的时刻，如生日、节日、纪念日、成功之时、获奖之日，一句由衷的祝贺、一段真诚的赞美，必有锦上添花的效果；在他人陷入困境之时，心情沮丧之日，一句贴心的问候，一番恳切的鼓励，更有雪中送炭的功效。

（二）正确性

说话的正确性是对人最起码的尊重。当开口之前就应有如此意识。

1. 实事求是

说话实事求是才能以理服人、赢得信任。说空话、大话者，可能会迷惑他人一时，但绝不能哄人长久。

2. 用词准确

在求助于人、让人办事的时候，要考虑对方能否办到，是否领会。

"能否借一样东西给我？""可以借一笔钱给我吗？"诸如此类的问话显然令人难堪，不好回答。

如果你手指着书架说："请帮我把书递过来，好吗？"尽管用了客气委婉的语气，但由于没有说明是什么书，令人无所适从，也是失礼的。

3. 注意区分正式场合和一般场合，书面语和口头语

对尊者、领导的称呼，在正式场合和书面文件上要规范，一般要用全称，如张××校长、李××副校长、王××副教授。但在一般场合和口头语上现代人往往用简称，尤其是省略"副"字，如张校长、李校长、王教授，也算是一种敬称，未尝不可。

对令人敏感的姓氏谐音，如"郑某某""傅某某"，就要特别注意不要引起误会和尴尬。即使在一般场合，也应该说出其"姓名+职位"的全称，而不宜说成"郑副校长""傅正校长"，介绍时最好说"……校长傅某某教授（先生）""……副校长郑某某副教授（先生）"。

（三）情感性

人是最富有情感的高级动物，因此，说话必须讲究情感性。

1. 态度诚恳

与人交谈时，神情应专注，态度应诚恳亲切。表示祝贺时，表情应热情，如果仅是言语动听，表情冷冰冰，就会被认为是敷衍或嘲讽。与人交谈时，神态应专心，如果东张西望、漫不经心、答非所问，就很失礼。

2. 善于聆听

本杰明·富兰克林说过："与人交谈取得成功的秘诀就是多听，永远也不要不懂装懂。"不能只顾自己大讲特讲，也应该给对方说的机会，这时就要学会聆听。

当对方说话时，应认真听，并经常有一些交流的体态语，如点头等，这样可使对方觉得自己受到重视。千万不要表现出不感兴趣或去打断对方的话语。

视频：
注意目光语

3. 细微有别

人类的话语是丰富多彩的，有时一字之差所表达的情感就大不相同。如：坐、上坐、请坐、请上坐，喝茶、请喝茶、请用茶，就令人明显感受到所获礼遇等级的差别。

营业员对顾客的询问

A. 你要干什么？（审问式）

B. 你要什么？（口气如果稍微生硬就带有施舍式的意味）

C. 你要买什么？（纯粹买卖关系）

D. 您要看什么？（尊重顾客的选择权，买卖不成情义在）

4. 严于律己

说话者要有换位思维，设身处地为他人着想，严于律己，宽以待人。

作为听众，哪一句话最入耳？

A. 你懂不懂？（责问式。你怎么这么笨？）

B. 你听清楚了吗？（抱怨式。归咎于听众）

C. 我说明白了吗？（自省式。尊重听众）

二、善于谈话

（一）有备而谈

日常生活中，童言无忌，尚有天真可爱之处，但成年人如果说话冒失，则是讨人嫌的。社交活动中的谈话更是不能随心所欲、信口开河，而应有所准备，讲究艺术技巧。

1. 仪表端庄，仪态得体

端庄的仪表、得体的举止、饱满的神态、上佳的气质风度，使人一亮相就获得良好印象，显然有助于谈话的成功。

2. 主旨明确，思路清晰

会谈前要有明确的宗旨，考虑好步骤，准备好多套方案。谈话时要思路清晰，不要啰唆。同时，要观察谈话对象的反应，寻找共同的话题，使谈话得以继续。

（二）用语文雅

用语文雅是一个人学识教养的体现，在文明社会，尤其是知识经济时代，社交活动中的礼貌用语尤为重要。

1. 尽量用敬语

尊敬是礼仪的核心内涵，体现在语言上就要常用敬语。如：您—你；先生—喂；小朋友—小孩。虽然称呼的对象相同，但给人的感受完全不同。同样是一种意思，但由于语言载体的形式不同，效果也许就大相径庭了。《西游记》中猪八戒向两个抬水的女妖问路，张口便叫"妖精"，路没问成，还挨了一顿打。对此他不明白，求教孙悟空。孙悟空说不能叫"妖精"，应该到她面前行个礼，看她多大年纪，若与我们差不多，叫她声"姑姑"，若比我们老些，叫她声"奶奶"，八戒照做，果然十分奏效。

2. 多用商量的口吻，少用命令的语气和语调

"请帮我跑一趟邮局好吗？"与"你替我跑一趟邮局！""麻烦让一下！"与"让开！"的口吻就大相径庭。

"请"与"叫"所表达的意思似乎一样，因此人们往往不大注意这两者的区别。即使在大学校园中，让学生"去叫老师"，甚至"去叫院长"之类的话也屡闻不鲜。实际上，这"请"与"叫"之别就区分出一个人礼仪教养的水平。

举一反三

夏衍的遗言

我国电影界德高望重的前辈夏衍先生在他临终前最痛苦的时候，身边的工作人员在情急之下说："我去叫医生。"夏公听见，用尽最后一丝力气说："是'请'，不是'叫'！"在场的每个人无不为之动容。夏公在弥留之际还给我们留下了珍贵的精神财富。

3. 了解传统敬语、谦辞

我国是礼仪之邦，古人常用的礼貌用语在古书中，特别是在古典文学作品里比比皆是。作为当代中国人，我们对祖国优秀的文化传统也要注意继承、借鉴、更新、发扬光大、古为今用。

 学海拾贝

常见的文雅语

初次见面——久仰；很久不见——久违；请人批评——指教；征求意见——请教；请人指点——赐教；请人改稿——斧正；求人解答——请问；赞人见解——高见；求人原谅——包涵；麻烦别人——打扰；求给方便——借光；托人办事——拜托；看望别人——拜访；等候客人——恭候；宾客到来——光临；陪伴客人——奉陪；中途离开——失陪；与主道别——告辞；请人勿送——留步；欢迎再来——光顾；归还东西——奉还。

"令、尊、贤"，用以尊称对方亲属。"令"通用，"尊"称长，"贤"用于平辈和晚辈，但称对方配偶时，则"尊、贤"通用。如"令尊、令堂、令郎、令爱"；"贤弟、贤妹、贤侄"；"尊夫人、贤夫人"等。

"家、舍、小、先"，用以称呼自己亲属。"家"用以称呼长者，如家父、家叔（伯）、家兄（嫂）。"舍"用以称呼比自己小的平辈和晚辈，如舍弟（妹）、舍侄。对子女可称呼小儿、小女、小婿。称已去世的父母亲可称呼"先父""先母"或"先严""先慈"。

"贵"字现代仍常用于尊称对方及其单位、公司，如"贵处""贵公司"等。询问年龄，对年轻人可问"请问贵庚多少？"对长者可问"老人家高寿几何？"

古人的谦辞往往是"自我贬低"，如"鄙人""在下""寒舍"等。

 学海拾贝

中国古人的名、字、号

1. 名

名字是一个人区别于其他人的称号。当代国人一般只有名而无字，名与名字的含义相同；古代中国人名与字有不同的含义和用途。古人幼时取名以供长辈呼唤或自称。

2. 字

字是古人成年后取的别名，与名相表里，又叫"表字"。名和字在意义上一般是有联系的，字往往是名的阐释和补充。如诸葛亮字孔明，"亮"与"明"是同义词；岳飞字鹏举，"飞"与"鹏举"意也相近。另外，还有在家族中依行辈规定的"字辈名"，一般其第一个字是本行辈所固有的。

3. 号

号，亦称别号。古人在名和字以外的别名，一般为尊称、美称，而呼人其号比呼其字更示尊重与客气。如陆游，号放翁；范蠡，号陶朱公；秋瑾，号鉴湖女侠。另有一类号叫"诨号""混名"，即通常说的"绰号""外号"，如梁山好汉中有"智多星""豹子头""母夜叉"等诨号，则分别含亲昵、憎恶或开玩笑的意思。

在人际交往中，古人的名具有"名以正体"的严肃性，一般用于谦称、卑称。上对下、长对少方可称名。下对上、平辈之间，称字不称名，在一般情况下直呼对方的名，是不礼貌的。字具有"字以表德"之意，或以明志趣，或以表行第。因此，对人称呼常用字，字的使用率大大超过名。名人雅士的号则更是"号为尊，其名更为美称焉"。号比字更加尊重、响亮。如孙中山，名文，字德明，号逸仙、中山。他自称"文"，而不自称"逸仙"或"孙中山"，父兄长辈直呼其名"孙文"理所当然；称他"逸仙"的往往是其早期的同辈和挚友；辛亥革命以后，人们大都称他为"中山先生"或"孙中山先生"。

（三）掌握说话的分寸

1. 要有角色意识

说话时应注意自己和对方的身份。主从不分、没大没小，是不礼貌的。例如，对小孩说："在吃东西前要洗手，懂吗？"这句话对成年人讲则不宜；对下级、晚辈可亲切地说："你辛苦了！"对上级、长辈就应用恭敬、钦佩的口吻讲："您辛苦了！"或"您可真辛苦！"对好朋友、同学可直接说："张三，今晚来我家一趟。"对长辈、老师则不能这样说。

视频：
说话的艺术

2. 要顾及他人

俗语讲"说者无意，听者有心"。因此，说话者要顾及他人的情感，不要在无意中刺伤他人的自尊心，令人尴尬。

首先，要考虑听众是否听得懂，要尽量说大家都能听懂的话。比如同学聊天时，在场者只要有一人不懂当地方言，就不要用方言讲话。另外，应避免与人耳语。

其次，要将心比心，说话要有善意。从某种意义上讲，出口伤人比出手伤人更重。因此，要抱着与人为善的态度，避免恶语伤人，不说刻薄的话，避免说出他人隐私、隐痛或伤人自尊心、令人不愉快的话。揭人伤疤，嘲笑他人身体缺陷都是极为失礼的言行。

还要注意在聚会交谈的场合，不要冷落那些社会地位较低、长相欠佳、自信心不足的人。

 精读感悟

请客的笑话

旧时年关，有人在家中设宴招待帮助过他的人，一共请了四位客人。

时近中午，还有一人未到。于是，主人自言自语："该来的怎么还不来？"听到这话，其中一位客人心想："该来的还不来，那么我是不该来了？"于是起身告辞而去。

主人很后悔自己说错了话，说："不该走的又走了。"另一位客人心想："不该走的走了，看来我是该走的！"也告辞而去。

主人见因自己言语不慎，把客人气走了，十分懊悔。妻子也埋怨他不会说话，于是他辩解道："我说的不是他们。"最后一位客人一听这话，心想："不是他们！那只有我了！"于是叹了口气，也走了。

面对满桌子酒菜，主人呆住了。一个个客人都走了，为什么呢？

3. 考虑措辞

直率固然是优良品格，但在许多场合说话不宜直来直去，否则就会被认为是缺乏教养，容易使人误会、难堪。

在酒店用餐或出席宴会时，不宜讲要去上厕所，非说不可的话，可以说去卫生间或洗手间。

在商务活动中，说话更应委婉客气，不宜居高临下、咄咄逼人。比如：

"我要先考察一下你们公司，看看与我合作是否够格？"——显然太生硬。

"我想到贵公司参观参观，您看方便吗？"——客气、委婉。

4. 学会幽默

人们通常有这样的感受，幽默的谈话对象，一般总是受人欢迎的。因为幽默能使气氛活跃。古希腊著名哲学家苏格拉底有一次正与朋友们高谈阔论时，他的妻子突然闯进来，大吵大闹，还把一盆水浇到他头上。朋友们非常惊讶，不知如何是好。苏格拉底却风趣地说："我早已料到，雷声过后，必定有倾盆大雨。"朋友们大笑，他的妻子也满脸羞容地退出去了，可见幽默语言的作用。

讲究说话的艺术

与其说他人"变胖了""瘦了"，不如讲"富态了""苗条了"。

与其说"他没回来"，不如讲"他还没回来"。

与其说"李老先生在吗？"不如讲"李老先生在家吗？"

三、称呼与寒暄

在人际交往中，称呼与寒暄反映着一个人自身的教养，体现双方关系的程度和社会风尚。

（一）称呼类别

1. 亲缘性称呼

这主要指"爸爸、妈妈、爷爷、奶奶、叔公、婶婆、三叔、二伯、大哥、二姐、姑妈、舅舅、姨妈、表哥、表姐"之类，在家庭生活、亲族聚会时常用，按辈分、身份称呼，显得亲切温馨。

2. 职场性称呼

这是指与交往对象的职务、职称等相称，如"孙院长""林教授""郑老师""陈经理""李博士""王医生"之类，也可直接称"主任""教授"等，以示身份有别、尊敬有加，这是一种常见的称呼。

3. 姓名性称呼

其一，连名带姓称呼（单字名的另当别论）别人，显得比较生硬，只在开会等少数场合使用。

其二，只呼其姓，并在姓前加上"老""小"等前缀，如"老张""小黄"，比较尊敬随和；姓加后缀，如"林公""王老"之类，则尊敬有加。

其三，只称其名，比较亲切，在亲友、同学、同事、邻里之间使用。在姓名后加"老师""科长""阿姨"之类的称呼也常见。长辈对晚辈常直呼其名，晚辈对长辈直呼其名则不礼貌。

4. 泛称性称呼

对未知其姓名职务身份者，可用泛尊称。如：在公司、服务行业，称男士为"先生"、未婚女性为"小姐"、已婚女性为"女士";购物、问路等场合常用"同志、师傅、老板、服务员、小姐、小妹"之类的泛称,也可用"大哥、大姐、叔叔、阿姨"之类带亲缘性的称呼,显得更为亲切。

总之,称呼要注意三因素:关系、场合和礼貌。人际关系随着场合变更而有所不同,称呼也要相应改变。称呼要让对方感到有礼貌,觉得受到重视和尊重,且不会产生歧义,一般以"就高不就低"为好。

> **知书识礼**
>
> ### 注　意　称　呼
>
> "芳""明""莹儿""华哥""萍妹"之类昵称和"狗娃""虎妞"之类小名只能在家庭、亲族、密友圈内使用,不宜在公共场合及职场使用。
>
> "喂""哎""老头"之类的称呼,在夫妻之间可能带有亲昵戏谑的意味,但对他人则是粗俗性的称呼;"瞎子""哑巴""矮子"之类的歧视性称呼是极为失礼的;"看门的""卖菜的"之类的标志性称呼也是不礼貌的。

(二)寒暄

寒暄是人们会面时的开场白,是交谈的序曲与铺垫。常见的寒暄方式有以下四种:

1. 问候式

一般熟人、朋友见面常用"您好""早上好""新年好"之类的常见礼貌语;"好久不见,十分想念""最近忙吗""身体好吗"之类的关切问候语。

2. 触景生情式

在特定场合如公园、旅游景点等可用"晚上好,这个时候散步很好""今天天气真好""这里风景很好"之类的话语打招呼、搭讪。

3. 赞美式

对一般尊者和女性可用"多年不见,您风采依然";"小王,你这个发型可真漂亮"之类的语言寒暄,对方听了肯定高兴。

4. 敬慕式

在学术会议、交流会等场合,对初次见面者常用"久仰大名""拜读过您的大作""很高兴见到您"等寒暄语。

寒暄语或客套话不一定具有实质性内容,却是在人际交往中避免尴尬,缩短人际距离,向对方表达交往诚意必不可少的礼貌,具有简洁、尊重、友好的特征。寒暄语或客套话没有固定的模式，要因人、因时、因地而选用，以诚恳、亲切、自然为好。

 知书识礼

学 会 寒 暄

"吃过饭了吗？""你到哪里去？"等寒暄语，易被理解为"要请我吃饭""多管闲事"而产生误会，故慎用为佳，不用为妥。

对久未联系的朋友也不宜贸然说"孩子多大了""代问夫人好"，以免碰巧触及对方隐痛而尴尬。可用"请向朋友们致意""请代问全家好"等寒暄语。

课内外活动建议：

1. **情景演练**：在课堂上进行模拟对话，练习文雅的说话礼仪。
2. **观察体验**：日常生活中称呼和寒暄的讲究。
3. **实践训练**：课后进行声音训练。
4. **思辨讨论**：在社交活动中应如何把握说话的分寸？

本章测试

第一章：
交互式测验
及参考答案

第二章
交际礼仪

[学习目标]

★ **素养目标：**

⊙ 培养良好的人际交往能力，成为在社交场合有魅力、受欢迎的高素质人才。

⊙ 了解交际礼仪的实用价值，自觉提升文化素养，做到知行合一、内外兼修。

⊙ 熟知日常交际礼仪规范，展示出个人良好的人格品质、道德修养、文化素质和审美能力。

★ **知识目标：**

⊙ 了解馈赠、送花、庆贺、慰问、拜访、待客、宴请等常见的社交活动中必要的礼仪规范。

⊙ 掌握在公共场所中礼节、礼貌的基本要求。

⊙ 掌握求职面试的礼仪要求。

⊙ 掌握接、打电话及手机的礼仪；了解书信常识，掌握写信忌讳。

⊙ 了解网络交流礼仪，掌握其中的基本原则。

★ **能力目标：**

⊙ 具有运用所学的交际礼仪、公共场所礼仪、求职面试礼仪和通信礼仪的知识和方法，在社交场合以及通信交流中达到礼仪规范基本要求的能力。

⊙ 能正确进行人际交往并提高自身人际吸引力。

⊙ 掌握网络礼仪，拓展人际关系，提升社交能力。

思维导图

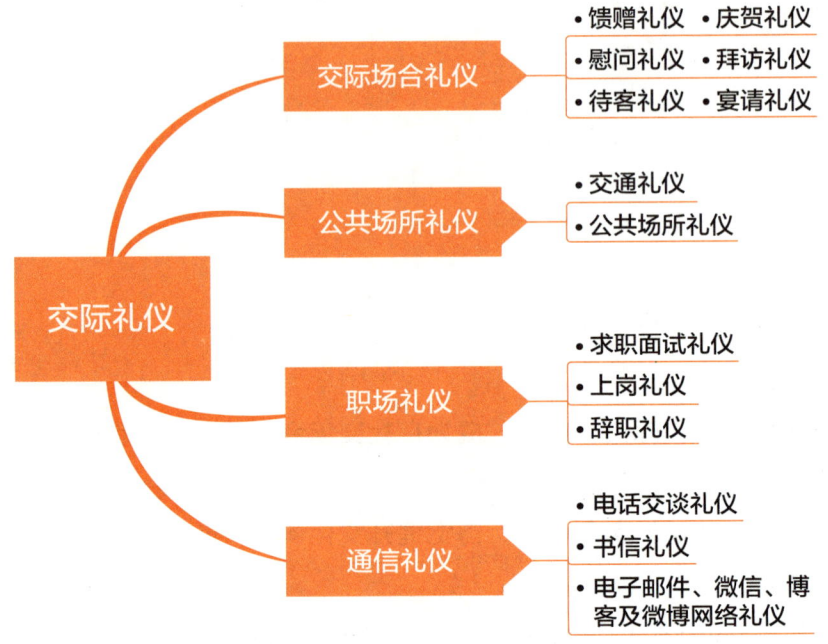

人际交往能力是衡量一个人能否适应现代社会的标准之一，是一个人成功的重要因素。诚恳的态度、礼貌的语言、自然的表情、得体的举止、端庄的仪表可以展示出个人良好的人格品质、道德修养、文化素质和审美能力，这无疑会使人更具吸引力。因此，人们在社会交往中，应注重交际礼仪，讲究交际艺术。

第一节　交际场合礼仪

 礼仪格言

礼尚往来。往而不来，非礼也；来而不往，亦非礼也。

交际礼仪是指人们在人际交往活动中所必须遵循的基本规范和准则。这里主要介绍馈赠、庆贺、慰问、拜访、待客、宴请等日常交际场所礼仪。

一、馈赠礼仪

礼品是人际交往中表达心意、象征交情的物品。馈赠即赠送礼品，是人际交往中常用的活动形式之一。礼尚往来乃人之常情，人们通过馈赠来表达慰问、祝贺、友好、感激、爱恋等情感。因此，在人际交往中，合礼、适当的馈赠可以有效地促进赠礼者和受礼者的感情沟通，增进双方友谊。礼品要突出纪念性，讲究"礼轻情义重"，尤其要把握分寸，以免有行贿受贿之嫌。

（一）送礼礼仪

1. 因人择礼

选择一件满意的礼品，是馈赠行为成功的关键。好的礼品并不在于其贵重程度，而是要适合受礼者的身份、特点及需要。因此，选择礼品要因人而异。

一是要考虑受礼者的兴趣爱好，投其所好，这样送礼的作用就会倍增。如对方擅长书法，可送其文房四宝；对方喜欢运动，体育用品一定是受欢迎的。

二是要考虑双方的亲疏远近关系。人际交往中，送礼讲究礼尚往来。在很多情形下，送礼不只是用来向对方表示友好，还可以用来平衡双方的互惠关系。因此，在选择礼品时，要弄清是商务应酬，还是私人交往；是亲朋好友，还是普通关系；是异性还是同性；是老友旧识还是初次相识，等等。礼品的价位要适当，不要加重对方接受礼品的心理压力。

三是要考虑送礼的时机、场合。通常节假日、良辰、婚嫁、慰问、祝贺、感谢、送别、迎客、拜访，都是送礼的好时机。如果是婚嫁、祝贺等，应选择有长久纪念意义和有祈福意义的礼品；如果是慰问探视，送滋补品比较合适；而一般性拜访，送鲜花、果篮均可，家中有老人、小孩的，在选择礼品时，也要考虑这些情况。送礼还要讲究场合，商务活动应在公开场合，并以送实用意义小但象征意义大的礼品为宜。在私人交往中，若是婚丧活动之类的送礼一般在公开场合；而资助性、答谢性的馈赠，则一般在私人场合。对方若是与自己存在政治经济利益相关，则不宜送礼，以免有行贿之嫌。

知书识礼

一般社交活动中不宜送的礼品

涉及国家机密和商业秘密，涉黄、赌、毒等物品，决不能送。

现金和有价证券等，有收买对方之嫌。

金银珠宝、古玩等，太贵重而让对方有心理负担。

广告品，有利用对方为自己做广告之意。

药品，有暗示对方身体欠佳之意。

香烟之类，有害健康。

2. 赠礼问俗

由于历史、文化背景不同，各国、各地形成了不同的风俗禁忌。因此，赠礼应事先了解各国、各地的禁忌，特别是要给交往不深或外地人士和外国人挑选礼品时，要注意避开风俗禁忌，否则，送礼的效果就会适得其反。

3. 送礼合礼

除了精心选择礼品外，还要懂得如何将礼品合乎礼仪地赠送给对方。

（1）精心包装。精美的包装是礼品的组成部分，精美的包装会增加礼品的美感，让人赏心悦目，反映出送礼者的生活情趣。同时，精美的包装会提高礼品的档次，表达出送礼者对受礼者的尊重和礼遇，让对方感到自己受到重视，送礼的效果会更好。所以，礼品在赠予他人之前，一般都应当精心地包装，这是国际社会通行的社交礼仪。可用专门的包装纸包裹礼品，最好贴上写有自己祝词并签名的彩色卡片。要特别提醒的一点是，在包装前，切记除去礼品上的价格标签。

（2）大方有礼。馈赠是向人表示友好情意、让人感到愉悦的行为，所以，赠礼者应神态自然，举止大方，礼貌适当，大可不必羞怯，更不要忸怩。赠送时，应起身用双手将礼品递到对方手上。如果同时给在场的几个人赠送礼品，要根据尊微次序依次递送。赠礼的同时，不要忘了适当地寒暄，可以说些祝贺的话，如"祝你生日快乐""祝你们幸福美满"等。也可以说些表达诚意的话，如"这是我专门为你精心挑选的""希望你会喜欢"等，但不要说些自贬的话，如"没什么好东西""随便买的"，会让对方怀疑送礼者的诚意。如果对方确有原因，不便接受礼品，应予以谅解，不可勉强，更不可说伤感情的话。

（二）受礼礼仪

1. 诚心诚意受礼

当送礼者向受礼者赠送礼品时，受礼者应起身站立，面带微笑，用双手接受礼品，并与对方握手表示感谢。接受礼品时，态度要大方坦然，恭敬有礼，但不要过分客气，反复推辞，让送礼者觉得你不接受他（她）的诚意和敬意，破坏赠礼的愉快气氛。在西方国家，一般情况下，受礼者接过礼品后，应当面将礼品包装拆封，打开礼品进行欣赏，同时向送礼者再次表示感谢；而在我国，除非送礼人示意，一般不当面拆封礼品。因此，要因人而异，因地而异。

2. 有礼有度拒礼

如果没有不得已的原因，最好不要拒收送礼者真心实意赠送的礼品。倘若确有原因，不能接受他人赠送的礼品，在拒绝时，要有礼有度，讲究技巧。一是要非常诚恳地向对方表示感谢；二是明确向对方表示不能接受礼品；三是委婉地向对方说明不能接受礼品的理由；四是应当场退还礼品，如果不能当场退还，最好也要在24小时内将礼品原封不动地退还给对方本人。拒绝礼品的过程，一定要礼貌周全，千万不可伤了对方的自尊心。

（三）送花礼仪

古今中外，绚丽多彩的鲜花在给人们带来美的享受的同时，也成为人们寄托美好情感的桥梁。在现代社会中，鲜花更是深受人们的喜爱，赠送鲜花则成为一种常见的馈赠形式。要使自己成为一个得体的送花使者，就要掌握花的寓意和赠花的礼仪。

学海拾贝

花 言 花 语

长期以来，人们以花寄情，以花表意，赋予了鲜花丰富的寓意，形成了特有的花言花语。下面介绍一些中国常见的花语：

牡丹：雍容华贵	黄菊：高洁、长寿、尊敬
兰花：典雅、高洁	白菊：哀悼、怀念
剑兰：长寿、步步高升	百合：纯洁、高贵、团结
桂花：和平、友好、吉祥	桃花：美丽、烂漫、活力
月季：幸福、光荣	水仙：优雅、脱俗、骄傲
荷花：纯洁、淡泊	梅花：高风亮节、独立
竹子：正直、虚心	松柏：坚强、刚毅
万年青：健康、长寿、友谊	康乃馨：慈祥、温馨、真挚
红玫瑰：热烈的爱情	黄玫瑰：道歉、父亲之花
并蒂莲：恩爱、和美	仙人掌：坚韧、顽强
常春藤：结婚、白头偕老	勿忘我：友谊、思念
马蹄莲：清新、高雅	天堂鸟：自由、幸福、吉祥

动画：
花言花语

1. 送花的意图

在生活中很多场合，如祝贺、节庆、嘉奖、慰问、做客、迎送、纪念、示爱、拒绝、致歉、丧葬、祭奠等，鲜花都可以成为人们的"友好使者"，用来传递美好、诚挚的情感，为生活增色添彩。

2. 送花的形式

日常社交生活中，赠送鲜花可根据对象、场合等不同情况，分别送花束、花篮、盆花、插花、头花、胸花、花环等。送花的形式一般以本人亲自送最能表达送花者的热情和真诚。当送花人遇到特殊情况或有难言之事时，也可选择他人转送。时下，网络鲜花配送因其便捷而又不失浪漫，越来越受生活忙碌的都市人欢迎。

送花时，以鲜艳欲滴的鲜花为最佳，而干花、纸花则不宜，更不可将要凋落的花送人。

3. 送花的禁忌

一忌不解花语。送花时要了解一些常用花语，并将鲜花的寓意与送花的对象相结合来选择适宜的鲜花。比如，赠送红玫瑰是示爱的最佳选择，但它是恋人、夫妻的专利，不加选择随便送人会引起误会，令人难堪。

二忌不顾场合。注意场合是送花的要点之一。比如，参加亲朋好友的喜庆日，适宜送色彩鲜艳的花篮、花束；若是参加长辈的寿辰，也可送盆花，如万年青；若是祝贺公司开业等大型庆典活动，宜送华丽丰盛、花朵饱满、枝叶高大的花篮；若是去探望病人，应送较为淡雅的花，不能送气味浓郁，色彩鲜艳的花，这些花给人强烈的嗅觉、视觉刺激，对病人不宜，也与医院整洁、安静的环境不协调。

三忌不懂习俗。在社交活动中，馈赠鲜花是最受人欢迎的方式之一，但也要注意对方的喜好和禁忌，尤其是涉外交往中，更应如此。向外国友人送花时，还要注意花的数目，若是给欧美友人送花，最好是奇数，但不能送13枝花，因为"13"这个数字被认为会带来厄运。

动画：
受花

（四）受花须知

当你面对美丽多姿的鲜花，面对送花人的满腔热情，应注意把握以下三个方面：

1. 迎与接

身体正对送花人，目光正视送花人，上身微倾，面带笑容。忌侧对送花人，面无表情。要双手从送花人手中接过鲜花。忌动作太快，忌单手接花。

2. 赏与谢

接过鲜花后，仔细品味观赏，嗅闻鲜花香味，可说赞美之词"真漂亮""真香啊"

等，还要对送花人真诚致谢。

3. 放与护

致谢后，应将鲜花小心放置。若是花束，应找一个花瓶将鲜花插入、洒水。忌随手丢在桌上或放在地上，置之不理。

 **举一反三**

送　花

　　王艳和文军同在一个公司工作，两人是好朋友。王艳邀请文军参加自己的婚礼，为了表达心意，文军考虑送给王艳一份特别的礼物。思来想去，文军觉得送鲜花既时尚又浪漫，最合适，而且要送红玫瑰，以表示对新婚夫妇甜蜜爱情的祝福。这天，文军捧了一大束红玫瑰参加婚礼，可当他将花束送给王艳时，王艳面部表情发生了急剧的变化，迟疑地不肯去接鲜花，王艳的新婚丈夫则脸色难看，令文军十分难堪。这件事引起了王艳丈夫误解，破坏了他们新婚甜蜜的气氛，王艳做了多番的解释，才消除了丈夫的误会。

二、庆贺礼仪

当亲朋好友或合作单位、公司的喜庆之时，正是彼此培育情感、增进友谊的良机，理应庆贺。

（一）参加婚礼

1. 收到请柬早做答复

当收到婚礼请柬时，应及时答复是否参加，以便主人安排婚宴。如因届时有无法推脱的事情或不在本地等特殊原因不能参加，应事先说明理由，向主人致歉，并可以采取发礼仪邮件、微信或托人带礼物等形式表示祝贺。

2. 礼金、礼品早准备

按一般习俗，应邀参加婚宴者都要准备一份礼金，最好用象征吉祥、喜庆的红纸包装好，并写上祝贺语和自己的姓名。但要注意红包不可封口，因封口要撕开，显得不吉利，为新人所忌讳。到达婚宴现场，向新人表示祝贺后，送给新娘或专收礼金的人。礼金的多少，应视当下的行情、客人的经济条件以及与新人的亲疏程度而定。与新郎或新娘关系密切的亲戚或好友，除了备一份礼金外，在婚礼前还可视新人的需要再送一些喜庆又实用的礼品，如家居饰品、床上用品、餐饮用品等，但不宜送雨伞、折扇、钟表、刀具等认为谐音不吉利的物品。除非特殊情况，礼金、礼品不宜在婚礼后送给新人。

3. 赴宴服饰有讲究

婚礼是新郎、新娘人生的重要时刻，在婚礼上讲究吉祥、喜庆，因此参加婚礼的宾客忌讳全身穿黑色服装。男宾着装要整洁、庄重，女宾着装可艳丽些，但不失端庄。

4. 婚宴上不可失礼

出席婚宴者，举止要得体，不可酗酒。当新人向来宾敬酒时，来宾要起身向新人祝贺，不要过分向新人劝酒，以免造成新人醉酒，影响婚礼安排。婚宴结束后，向新郎、新娘或其家长告辞后方可离去。

5. 尊重各地婚俗

参加婚礼应入乡随俗，否则，会引起新人及其家人的不快，影响婚礼的气氛。

（二）参加庆典

庆典仪式是指企事业单位的开业庆典、周年志庆、产品展销会、博览会、开工典礼、竣工典礼等庆祝活动。要注意以下几点：

1. 送礼

作为祝贺单位或个人，可视与主办活动方的关系亲疏程度选择赠送花篮、祝贺气球或其他礼品，也可发贺电或在报纸、电视或网络上登祝贺广告等。

2. 守时

被邀请参加庆典仪式的嘉宾，应按照请柬上的时间，提前到达会场，到达会场后应再次向主办方表示口头祝贺。

3. 就座

主办方往往会邀请一些领导同志参加，因此在座次上有严格的规则，到会的嘉宾应按主办方安排就座，切不可随意就座。

4. 形象

嘉宾还应注意自身形象。服饰要庄重，可适当修饰；态度要热情，可利用这样的机会结交更多的朋友。

三、慰问礼仪

当亲朋好友，尤其是尊长发生不幸之事，你的慰问之举会为他人带来雪中送炭的感受。

（一）探视礼仪

动画：
探望病人

一个躺在病榻上的人，因为健康和生命受到威胁，容易产生一种自怜的心态，比任何时候都更渴望一份温情，往往对别人的关心和照顾更为敏感。这时，作为亲朋好友的你，去医院探望病人时，就更要注意自己的一言一行。如果方法得当，会增添病人战胜疾病的勇气，心中重新燃起对生活的热情；如果处理不好，则可能适得其反，好心却不能办成好事。

1. 医院规则要遵守

每家医院对探视病人的时间都有规定。这样做，既有利于维护医院的正常秩序，也有利于病人休息。因此，不要在医院不允许探视的时间内探访病人。

2. 病情事先要了解

探视病人之前，要对病人所患疾病和病情应有所了解。这样做的目的有三：一是可尽量避免探视时言语不慎；二是以便探视时携带合适的礼物；三是以便在探病时注意自身防病，因为若病人患的是传染病，事先不知就有被传染的可能，最好待病人治愈后再去探视。

3. 言行举止要得当

探望病人是一种特殊的社交活动，言谈举止应谨慎得当，不能使病人情绪过于激动。应注意以下四个方面：

（1）神态平和。进病房时，步态要轻盈，表情要从容，切忌慌张、大惊小怪，以免给病人增加心理压力。探视时穿着要日常化，不可过于华丽，也不宜化妆。

（2）平视病人。走到病床前，可主动与病人握手，这是无声胜有声的安慰；若有空椅子，可尽快落座，尽量与病人保持平视状态而避免居高临下的俯视，不要离病人远远地站着，眼睛东张西望，让人怀疑你的诚意。

（3）少问为佳。探视时要多安慰和鼓励，不要过多询问，更不要说敏感的话语。

（4）把握时间。注意探视时间不宜太长，一般不超过半小时。如果病人需要照顾，你能留下陪伴，那就更好。

4. 携带礼物要合适

探望病人免不了带些礼物，一束清香淡雅的鲜花，既高雅又实惠，很适合作为探视病人的礼物。当然也要看对象，老人、家境贫寒的病人以及病因与过敏有关的病人，如哮喘病等，就不宜送鲜花；需要住院较长时间的病人，可以送些书或杂志供消遣之用；也有许多人，喜欢送水果、营养品给病人，只要适于病人食用，确实不失为好礼物。

举一反三

探病，别探"坏"了病人

77岁的吴某患高血压病已有多年了。他失散60年的哥哥从台湾回乡探亲，兄弟相见，悲喜难抑，吴某因情绪过于激动，突发脑出血而急诊入院，医生立即予以全力抢救。次日，他的神志刚开始转清，亲戚朋友蜂拥而至，争先恐后地向他表示爱心。虽然医生及时到来劝走了这些人，但病人的神志再次陷入昏迷，不久便撒手人寰。所以，在"谢绝探视"的病房前，务必请您留步。

（二）凭吊礼仪

凭吊即对逝者的追悼、祭奠和对家属的慰问，一般采用追悼会或遗体告别的形式。接到讣告的人，应亲自前往参加，以表示对死者的怀念，并向死者亲属表示慰问；如果死者是自己的至亲好友，还应携妻（夫）一同前往；因有特殊情况不能前往，应给死者亲属发送吊唁、安慰的微信或唁函。死者生前工作过的单位和部门应送花圈和挽联以示哀悼。前往吊唁或参加追悼会、遗体告别仪式的人，应"素面"，即不化妆，不穿颜色艳丽的服装，一般宜穿白色或深色衣服，佩戴黑纱或白花，同时表情要严肃、悲痛，不可漫不经心或谈笑风生。如果与死者生前关系密切，还应主动帮助死者家属料理后事，以寄悲情。

知书识礼

凭吊应入乡随俗

关于凭吊，各地有不同的风俗习惯。因此入乡随俗尤为重要，尤其是参加葬礼者，一般不宜顺路到其他亲朋好友家做客、休息，以免触犯民间忌讳。

四、拜访礼仪

中国人素来重人情，走亲访友是人们维系感情必不可少的方式。我们要做一个受欢迎的客人。

（一）准备

1. 事先预约，守时守约

拜访机会最好选拜访对象需要时，尤其是有情感需求时，如红白之事、特殊纪念日、患病之时。

拜访活动要做到有约在先，不要做不速之客，不约而至不仅是对主人的不尊重，常常会令人难堪，而且会给自己带来不便。除非遇到特殊情况，如事情紧急来不及预约、没有可供预约的手段或者与对方关系十分密切且熟悉对方的生活节奏，可不提前预约。预约的方式有很多，电话是最常用、方便的预约方式。如果关系较密切，也可用微信、QQ留言联系。若是初次公务拜访，也无人引见，一定要先预约。约定拜访时间和地点时，应客随主便。若是到家中拜访，不要约在吃饭和休息时间，最好安排在节假日下午和晚上；若是到办公场所拜访，一般不要约在上班后半小时内和下班前半小时；若去异性朋友处做客，尤其应注意时间安排，以白天为宜。

约好时间、地点和人员后，就不可轻易变动，如因特殊原因不能如期赴约，务必尽早通知对方，说明情况并诚恳致歉，待见面时应再次致歉。拜访时应准时到达，提早或推迟最好别超过5分钟。考虑到交通拥挤或其他因素影响，可约定一个较为灵活的拜访时间，如"我8：30~9：00到达"，以免自己给人留下不守时、不守信的印象。

2. 悉心准备，以示尊重

为了表示对主人的尊重，在拜访之前应做好相应的准备和安排。尤其是一些重要的拜访，应事先考虑需要商量哪些事宜、如何与对方交谈、是否与他人共同前往、是否需要准备资料或名片等。

出发前要修饰好自己的仪表，尤其注意服饰整洁、得体大方；还要检查一下该带的资料、礼物之类的物品。

（二）做客

1. 进门有礼，不可冒失

无论到他人家中或办公场所拜访，都不可"破门而入"。有门铃的应按门铃，时间2秒左右即可，若间隔十几秒未见反应，可按第二次，切忌长时间连续不断地按铃；没

动画：
进门有礼

有门铃的，先敲门，敲门时用中指与食指的指关节有节奏地轻叩房门2~3下，不可用整个手掌拍，更不能用拳头擂或用脚踢。在炎热的夏季，有的人习惯敞开着门，若在这时拜访，则应敲门或告知主人，征得主人应允后方可进门。

进门后应随手将门带上。如果带着雨具，应放在门口或主人指定的地方，避免把水滴在房间内。在寒冷的冬季，进入主人家后，应在主人示意下脱下外套，摘下帽子、手套等随身带的物品，一起放在主人指定的地方。如果主人没有示意，则表示无意让你进屋，这时不可急匆匆地脱下衣帽。需要脱鞋时，应将鞋脱在门外，穿拖鞋后进屋。若无须脱鞋，应先将鞋在门外的擦鞋毡上将尘土擦干净后方可进屋。

2. 言谈有度，举止得体

进屋后，随主人在指定的座位坐下。如果主人家中有长辈，应先与主人家长辈打招呼。若有其他客人，也不能视而不见，应礼貌地寒暄，但也不要随意攀谈或乱插话。没有得到主人示意，不能随意走动，特别是不能随意进入主人卧室，也不要乱动主人家的物品。主人端茶送果食，应欠身致谢，并双手捧接。上门做客不宜抽烟，如非抽不可，也要征得主人同意。坐姿要端正，不要东倒西歪，不要把整个身体陷在沙发内；也不要双手抱膝，更不要跷二郎腿，若觉疲劳，可变换坐姿，但不能抖动两腿。女士应注意两膝要靠拢。

拜访交谈要做到心中有数，适当的寒暄后，应尽快切入主题，不要东拉西扯，浪费时间，更不可过多询问主人家的生活和家庭情况。交谈时，要尊重主人，不可反客为主，口若悬河，喋喋不休。忽视交谈对象的反应是谈话的大忌，也是失礼的表现。

3. 善解人意，适时告辞

拜访交谈时要注意掌握时间，要知道客走主安的道理。一般拜访时间不超过1小时，初次拜访不超过30分钟。如果临近告辞时间，主人心神不定，不停地看钟表或接听电话，面露难色，欲言又止，说明主人已无心留客，这时就应主动告辞，不要等到主人下逐客令，让主人为难。告辞前要向主人道别。如果带有礼物，可以在进门时交给主人，也可在告辞时请主人收下。出门时，应与主人握手告辞，并说"请留步"，出门后，还应转身行礼再次道别。

知书识礼

拜访回家后电话感谢

回家后最好给主人挂个电话，既让主人放心，又表达感谢之意。

五、待客礼仪

我国素有热情好客的传统，"有朋自远方来，不亦乐乎？"说明了待客之道的要求和功效。招待客人应做到热情诚恳，礼貌周全。具体来说，应把握以下几个环节：

（一）准备

1. 准时候客

当你与客人约好见面的时间后，一定要守约，不要让客人扑空，如果有急事，应与客人取得联系，并告知缘由。

2. 布置整理

首先要尽力设置一个令人愉悦的待客环境，整洁有序是最基本的要求；其次，备好待客用的茶、糖、果、点，以让客人感受到你的热情；最后，不要忽视了待客的仪表仪容，着装要整齐得体，女主人还可略施淡妆，这也是待客的礼貌，穿睡衣待客或衣着不整、蓬头垢面都是一种失礼的表现。若是外地来客，可能还有安排膳食、住宿等必要。

 精读感悟

周 公 吐 哺

周公是西周时期的政治家。他说："吾文王之子，武王之弟，成王之叔父也，又相天下，吾于天下亦不轻矣。然一沐三握发，一饭三吐哺，犹恐失天下之士。"位高权重的周公唯恐怠慢客人，在洗澡时多次中断洗浴、在吃饭时多次将来不及咽下的食物吐出来，立即出去迎客。周公堪称礼贤下士的待客典范，留下了"周公吐哺，天下归心"的千古佳话。

（二）待客

待客礼仪最重要的是要热情、周到，应怀着感激的心情待客。

1. 迎接

得知客人将要抵达，可根据具体情况迎接客人。重要客人或初次来访的客人，应到大门口或下楼迎接；若是外地客人，需要时还要到车站、码头、机场迎接。当客人来访，主人听到敲门声或门铃声，应立即起身开门迎接。客人进门后，主人应主动伸手相握，并接过客人的鞋帽、雨具或示意其放置地点，但不要去接客人的手提包。将客人请入客厅在上座就座后，自己方可落座。如果此时主人正在看电视，应立即把其关掉，不要一边接待客人一边看电视，那样极不礼貌。

2. 介绍

如果客人是初次来访家中，应向来客一一介绍家人。如果有其他客人，应先介绍客人，再介绍家人。如果需要介绍的人不止一个，可按位次尊微顺序进行介绍。

3. 敬茶点

按中国人待客的习惯，在客人落座后，应送上一杯醇香扑鼻的茶水。最好准备些果点，事先去皮切好，并备好果叉，以便客人食用；若能自制水果拼盘，则既能体现出你的热情好客，又能为拜访增添一番情趣。

4. 交谈

在与客人交谈中，应多把说话的机会留给客人。通常，客人和主人话题主导权的比例为6∶4。主人应该当个好听众。客人在说话时，主人的表情要专注，要目视对方，不要不停地看表，或不停地起身，或一边看电视一边与客人交谈。这些漫不经心的举动等于是在给客人下逐客令，是极不礼貌的。若确有急事，应坦诚地向客人说明，取得客人理解。

视频：
工作餐、自助餐

图2-1 （明）周臣《柴门送客图》（局部）

（三）送客

送客是待客过程的最后一个环节，礼貌周全往往更显示出主人的修养。当客人要告辞时，主人应盛情挽留，但不可勉强，主随客便。主人应待客人起身后方可起身相送，并在客人伸手后方可伸手与之告别，同时再次对客人的来访和赠礼表示感谢。将客人送至室外，且应目送客人背影消失后，方可回身关门。重要的客人还应送至电梯口、楼下、大门口，甚至车站、码头、机场（图2-1）。

六、宴请礼仪

宴请是为了表示欢迎、答谢、祝贺、喜庆等举行的一种隆重、正式的餐饮聚会，是社会交往中一种重要而且常见的活动。无论新朋老友，都可以在它营造的轻松和谐的氛围中交流情感，彼此了解。如果不熟悉宴请礼仪，举止粗俗无礼，非但损害个人形象，而且不能达到交友的目的。

（一）桌次排列

中餐用的餐桌大多是圆桌，如果宴请时有两张以上的餐桌，排列时就要按照一定的次序。主桌应安排在餐厅的重要位置，并以面门、面南为好。其他餐桌的安排有所不同，按我国传统习惯，是以离主桌的近高远低、左高右低的原则来安排；按国际惯例，则遵循近高远低、右高左低的原则。以下示意图采用国际惯例，左右方位的确定以面对正门的位置为准（图2-2、图2-3）。

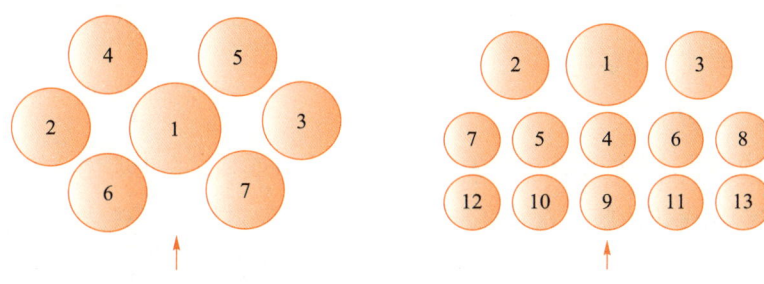

图2-2　宴请中桌次排列一　　图2-3　宴请中桌次排列二

（二）座位安排

宴请中座位的安排也有主次尊微之分，如果排错了，会引起宾客不悦。一般来说，可以只安排主要客人的席位，其他只排桌次或自由入座。也可以都排席位，但要在桌上事先摆好座位卡，并在现场安排专人引导。主位面门或面南，其余座次安排与桌次安排原则相类似，可按我国传统习惯，左高右低；也可依国际惯例，右高左低。一般公务、商务宴请多采用国际惯例。具体安排可分为以下两种情况：

1. 每桌只有一个主位

每桌只有一个主人，主宾在主人右侧就座，形成一个谈话中心（图2-4）。

2. 每桌有两个主位

通常男主人为第一主人，女主人为第二主人，主宾和主宾夫人分坐男女主人右侧，形成两个谈话中心（图2-5）。

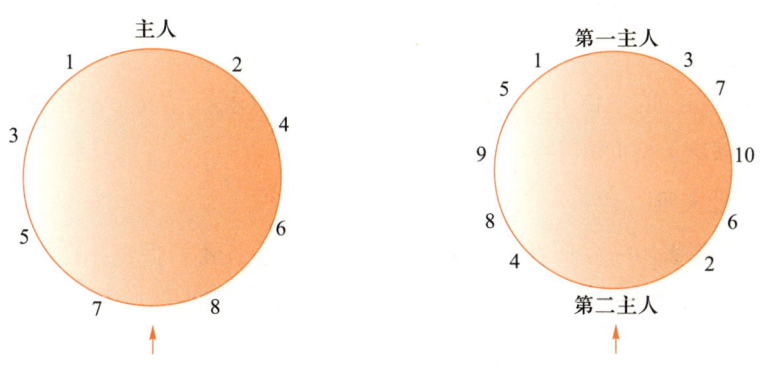

图2-4　宴请中一个主位座次安排　　图2-5　宴请中两个主位座次安排

如遇主宾的身份高于主人，为表示尊重，可考虑安排其在主人位次上就座，主人则在主宾位置上就座。

（三）中餐礼仪

中国饮食文化源远流长。中餐不仅因其色香味俱全为人称道，而且其中包含着深厚的文化底蕴。中餐宴请十分重视用餐气氛，无论是朋友相聚，还是亲人团圆，其间传递出的亲情、友情都犹如醇酒般浓厚。如果想通过这种方式来增进情感，多交朋友，就一定要注意用餐礼仪。

1. 仪表要注意

赴宴前应梳洗，最好要沐浴。男士要梳理头发并剃须，女士要化淡妆，如果是参加晚宴，妆可化得稍浓些。衣着首先要整洁，其次要得体、美观，应根据宴请的规格，选择合适的服饰。一般应着正式服装，男士宜着深色正装，女士宜着裙装。有的宴会有着装要求的，在请柬上会有明示，如果没有按要求着装，则是不礼貌的。

2. 赴宴要准时

这是起码的礼貌。一般客人应略早些到达，身份高者可稍晚些，但提前、延后时间应以5分钟左右为宜。

3. 入座勿冒失

进入宴会厅后，如果桌上已摆好客人的名签，应该对号入座。如果没有，最好根据引导员的安排来入座。千万不要冒冒失失地坐到主宾的座位上。入座时，应从椅子的左侧入座。如果邻座是长者或女士，应主动为他们拉放座椅。

4. 介绍识新朋

如果在宴席上围在一桌喝酒吃饭的人互不认识，主题仅有一个"吃"，显然有些索然无味。宴席是极好的交际场合，往往成为人们结交的起点。在宴席上，主人或尊者有义务将所认识的人向大家做介绍。如果主人不在场，也不便定尊者时，可先做自我介绍，再提议大家互相介绍，既活跃了宴席氛围，又利于大家结识。

5. 坐姿要端正

脚要放在自己的座位下，不要伸到别人面前。双手不要放在邻座的椅背上，也不要将双臂肘部支于桌面或用手托腮。

6. 进餐要文雅

进餐前应将餐巾一角压在餐盘下或平铺在双腿上，不要把它扣在衣领里，不要用餐巾或纸巾擦拭餐具。正式宴会中，用餐前服务生还会送上一条湿毛巾给客人擦手，如果用它来擦脸、擦嘴，甚至用来擦脖子，则很不得体。

视频：
就餐入座

当一道菜端上来时，应等主人邀请、主宾动筷后方可取食，不要急着取食，也不要老吃自己喜欢的菜。夹菜不抢不滴，应随着餐桌上转盘的转动就近取食；取食要适量，切不可挑挑拣拣，夹起又放下；不要狼吞虎咽，发出响声；食物太热时，不要用嘴吹，可稍后再用；不要用嘴去迎食物，嘴里有食物时不要讲话；吃剩的壳、皮、骨，用过的牙签，应放在自己面前的小碟子里，不要吐在桌子上或地上；剔牙时，要用手掌或餐巾遮口。席间切忌用自己的筷子替别人夹菜，尽管热情，却是失礼的。

知书识礼

注意用筷子的禁忌

一忌迷筷，犹豫不决，不知从何下筷；二忌翻筷，在碗里扒拉拣食；三忌刺筷，以筷当叉使；四忌拉筷，持筷撕扯口中正咀嚼的肉类菜；五忌泪筷，夹菜带汤，滴答乱流；六忌吸筷，将筷子放入口中吮吸；七忌别筷，用筷子撕扯肉类菜；八忌供筷，把筷子竖直插入碗中；九忌敲筷，以筷击碗或桌子；十忌指筷，持筷指人说话。

此外，平时用餐时也应注意避免左右手同时并用筷子和勺子，应右手拿筷子或勺子，左手扶着饭碗，以示珍惜饭碗。

7. 敬酒要文明

在宴席上，彼此敬酒致意，可以融洽感情，营造轻松、友好的气氛。但是，若全然不顾对方的感受，过分劝酒，强人所难，甚至言语粗俗，则会令人深感不悦。在宴席上，还要讲究敬酒的次序，应根据身份自高而低逐个敬酒，如果对客人的身份不能确定，可自邻座开始依序敬酒。宴席上喝酒还要注意克制，倘若喝得酩酊大醉，既损健康，又损形象。为了表示尊重，碰杯时，杯沿应低于尊长的杯沿。

知书识礼

宴 席 禁 忌

不能说令人厌恶、粗俗或不合时宜的话题。在喜庆宴席上不可说令人扫兴的话，在丧宴上不可眉飞色舞、高谈阔论。

课内外活动建议：

1. **情景演练：**在课堂上进行办公室和家中拜访、待客的模拟场景训练。

2. **观察体验：**利用课后或周末时间逛逛花店，面对绚丽多姿的鲜花，进一步熟悉花言花语。

3. **用心思考：**如果你的好友生病住院了，病情还比较严重，你去探视时应怎么做才比较妥当？

4. **实践训练：**建议同学们课后回到宿舍，进行探视的模拟场景训练，互相观摩、评点。

5. **思辨讨论：**为什么在宴请中要讲究席位排列？怎样理解其原则？

第二节　公共场所礼仪

礼仪格言

> 终身让路，不枉百步；终身让畔，不失一段；让礼一寸，得礼一尺。

公共场所礼仪可以体现一个人的自我修养水平，反映社会的文明风貌。人们在公共生活领域中讲文明、重礼仪，不仅是个人修养的要求和社交的需要，也是社会文明的需要。

一、交通礼仪

交通礼仪主要是指人们在与交通有关的马路、车、船和飞机等特殊的公共场所中必须遵循的礼仪。

（一）行路礼仪

每个人几乎天天都要出门行路，这看似简单，但其中的礼仪容易被疏忽。

1. 遵守法规，各行其道

横穿马路时，要看好红绿灯，走人行斑马线。如果路口没有红绿灯，应看清过往车辆，不要与自行车、机动车抢道，不要跨越马路上的栏杆，那样既违反交通法规，又很不安全。

2. 步态端正，举止文明

走路时身体要挺直，脚尖向前伸出，两臂自然摆动，不要晃动肩膀，不要在马路上手舞足蹈，应直线前进，步履自然、轻盈。走路时，目光一般正视前方，或自然顾盼，不要低着头，也不要东张西望。

3. 并排行走，讲究位置

如果有两三人并行，彼此的位置就有一定讲究。一般来说，当两人并行时，安全的位置是在人行道的内侧，应把安全的位置留给尊者；当三人并行时，尊贵的位置则在中间；当主人陪客人外出时，一般也应让客人走内侧。一般情况下，在马路上不应三四人同行。当四人同行时，不应同排并行，最好前后两两并行，这样就不至于影响他人行路。

4. 路遇朋友，热情有度

走在路上遇见朋友、熟人时，打声招呼是应该的，但不要大呼小叫，惊动旁人。若要停下谈话，应站到路边，或边走边谈，不要站在人行道中。

5. 举止文雅，讲究卫生

边走路边吃东西，既不雅观，也不卫生。如果实在要充饥或解渴，最好到餐馆、冷饮厅或在货摊边吃完再走。边走路边抽烟的习惯也很不好，在人多拥挤时，还可能烫着别人的身体或衣服。还要注意，不可随手丢弃包装纸、包装盒、饮料罐等。

6. 问路有礼，乐于助人

出门行路免不了要问路，问路时切忌使用一些不敬的称呼，如"喂""嗨""老头"等。别人指路后应致谢。若遇到他人问路，要热心相助，如果自己也不知道，应如实相告，并向对方致歉。

7. 相互礼让，与人方便

人行道上人来人往，如果道路狭窄，会显得十分拥挤，因此应主动给老弱、妇幼、病残者让路，不可争先恐后，抢道而行。如果不小心踩了别人的脚或撞到别人的身体，应及时赔礼致歉。若是别人踩了你的脚，也无须大声斥责，更不可争吵不休，甚至大打出手。

手上提着东西时，为了不妨碍他人行路，一般应提在右手。若与他人同行，提东西的人应走在人行道内侧。男士与女士同行时，应主动为女士提东西，如外衣、较重的包，但女士随身带的坤包不在此列。

现今商场、地铁站、机场等场所都有电动扶梯。乘坐时应靠右边站，不可双人并排站立，以便留出左边梯道给那些急行的人。

遇到外国人，应友好礼貌，不要指指点点，品头论足或尾随其后。

8. 路遇事故，不可围观

如路遇交通事故或争吵、斗殴等事件，不要围观，更不能起哄，以免造成更严重的交通堵塞。

动画：
骑自行车

（二）骑自行车礼仪

在各种交通工具中，自行车以它的实惠、轻巧、便利而备受人们的青睐，特别是这些年共享单车、电动自行车在很多城市兴起，深受年轻的上班族和学生的欢迎，但也出现了一些不文明的现象。因此，骑自行车也应注意骑车礼仪。

1. 遵守交规

这是骑自行车最重要的礼仪。骑自行车，不可走机动车道，不闯红灯，不逆行，不在市区内骑车带人，不可一手扶把或两手离把骑车，载物的宽度不得超过两把之间的距离。

2. 注意安全

不要边骑车边嬉笑、追逐，也不可勾肩搭背，这样既不安全，也会影响他人骑车。

3. 以礼待人

骑自行车也要做到以礼待人。当过路口时，骑自行车者要主动礼让行人，如遇到前面的人动作缓慢，特别是老人，不要超车，不要猛按车铃。为了安全，骑车速度不要太快，当心撞到别人。如果把人撞了，应立即下车搀扶，询问对方伤情，必要时应将对方送往医院，而不能逃之夭夭，应杜绝缺德、失礼的行为。

4. 与人方便

绿色环保又便捷的共享单车给我们的出行带来了很大方便。所以，要共同营造良好的共享氛围，不给别人带来不便，不要故意将其损坏，不能占为己有，不乱停乱放，使用完毕后先将共享单车锁好再离开。

（三）驾车礼仪

驾车时应把安全行车放在首位，遵守交通法规是驾驶机动车最基本的礼仪，除此之外还要注意文明行驶。

1. 注重形象

汽车是公路上的流动风景，不仅要保持车身的干净，而且要注意驾车人自身的仪表整洁，不宜光着膀子或穿着太露、太透的服装开车。这是因为车窗是透明的，驾驶室并非个人私密空间。

2．言行有礼

不要朝别的驾车人大喊大叫，尤其对新手应宽容和理解。在正常情况下，不开远光灯，不开雾灯，换车道则要打灯。停车时注意不挡道、不妨碍他人，加油时要排队。一旦车跟车发生摩擦，切忌互相骂人，更不能动手打人。对待交警要礼貌友善，不可粗鲁和过激。

3．专心开车

严禁酒后驾车，不要疲劳开车，更不能超载或无证驾驶。开车时要专心致志，不要因观赏周围景色、交谈、打手机、左顾右盼，而分散了注意力。遇见红灯时，应将车停在交通标志线内，不要越线或紧急刹车。

4．礼让他人

驾车时应耐心等待行人过马路，不要跟行人抢路。下雨天，要减速慢行。当别人的车从身边驶过时，应放慢速度，不要加速。拥挤时不"加塞"、不抢行猛拐，不要将他人的车挤离车道。

5．慎用喇叭

喇叭在需要的时候才能按响，并且按一两声即可。尤其不要在小区、校园等安静的地方过多按喇叭。到别人家中接人时，应下车按门铃，而不是按汽车喇叭。

6．不忘环保

不要往车厢外扔东西和吐痰，也不要在停车收拾完垃圾后直接扔在地上，应扔到垃圾桶里，还要避免碾压绿地草坪。

（四）乘公共汽车礼仪

公共汽车相对而言空间狭小，要想营造良好的乘车环境，乘客的乘车礼仪就显得十分必要。

1. 上下车要有序

乘公共汽车时，首先要注意应等车到站停稳后，再按照先下后上的规则，自觉从规定车门排队上车，不可自恃身强力壮而争先恐后。若提着大件物品上车，注意尽量避免撞到他人。遇到雨天，上车前要收好雨具，雨伞尖顶部要朝下，以免戳伤或弄湿他人。下车时应提前做好准备，尽量往车门靠近，若座位离车门较远，应礼貌地请其他乘客让路，不要等到站了再猛力向外挤。不下车的乘客要主动让道，使车厢内尽快疏通。

2. 自觉刷卡或投币

上车要自觉刷卡或投币。现在大部分公共汽车都是乘客自动刷卡或投币乘车，乘客最好事先准备好零钱，不要使用假币、破币。

3. 要主动礼让

上车时，如遇到抱孩子的妇女或老人、孕妇、残疾人，应主动礼让，并帮助他们上车。上车后，应主动给老弱病残孕让座，切不可与他们争抢座位。

4. 注意保持车厢卫生

不要在公共汽车上吸烟、吃带壳的食物，不可随手把烟蒂、果壳、果核、食物包装袋等往地上或窗外丢；不可在车厢内吐痰，更不可向车窗外吐痰。车厢内空间狭窄，空气流通不好，是病菌最易传播的公共场所之一，所以打喷嚏时不能毫无顾忌，否则容易危害他人健康。

5. 举止要端庄

车厢里座位的间距都很狭小，所以不要跷二郎腿，更不能把脚顶在前排椅背上，或把脚伸到前排座位底下，特别是坐在靠通道的位子时，脚不可伸得太长，或跷得太高，以免影响他人通行或弄脏别人的衣裤。

（五）乘火车、客轮礼仪

在我国，火车和客轮是人们长途旅行的重要交通工具。特别是高铁已成为现代社会最快速、最方便的交通工具之一。在火车和客轮上，人们共处的时间通常比较长，少则一两个小时，多则一两天；由于同舟共济、同车共度，容易沟通。如果每一位乘客都能以礼待人，和睦相处，则会使自己和他人都有一个愉快的旅途。

1. 遵守秩序

上车、登船时，要按秩序排队，事先拿好行李和车船票，以便售票员尽快检票。上车、登船后，要尽快对号入座，不要在过道上停留过久。长途旅行时，乘客携带的行李都比较多，彼此要互相关照，合理使用行李架，自己行李能重叠的，就要尽量少占地方，在没有征得邻座同意的情况下，多占多霸是不道德的。如果要站在座位上放置行李，要把鞋脱掉，以免踩脏别人的座位，如果邻座有女士、老人，要主动帮助他们放好行李。

2. 讲究公共卫生

在车船上，不要随地吐痰、乱扔废弃物。车船上的厕所要按规定使用，并注意保持其卫生。现在，高铁、动车车厢内都是全程禁烟。所以，不要在车厢、船舱内抽烟，而应该到指定吸烟区抽烟。当列车员、船员打扫卫生时，应主动给予配合。

缺德失礼，咎由自取

某年8月，在从济南西站开往北京的高铁G334次列车上，某乘客霸占别人的座位，还对前来劝阻的乘务员各种胡搅蛮缠。视频上传到互联网后，引起了舆论热议，而这乘客也被网友戏称为"高铁霸座男"。

随后，国家公共信用信息中心公布了当年8月新增失信联合惩戒对象，247人因严重失信行为而被限制乘坐火车。此前引发社会广泛关注的"高铁霸座男"也被列入"黑名单"中，按规定，他将在180天内被限制乘坐所有火车席别。

（资料来源：新京报快讯。）

3. 注重个人形象

夏天乘车、乘船，有时酷热难忍，但即便如此，男士也不可打赤膊、穿背心或短裤衩。在火车卧铺车厢或客轮上脱衣就寝时，要背对其他乘客，女士切不可当着其他人的面化妆或整理衣裙。上下床要尽量避免弄出响声，不要注意别人的睡相。不要一上车就脱掉鞋子，可能的话，就寝前要洗洗脚。

4. 以礼待人

对待身边的乘客，要礼节周全。可先微笑致意，进而通过介绍、参与娱乐、适时伸出援助之手等方式互相认识、交流。高铁、动车和客轮是公共空间，接打手机时，要注意不要打扰其他人，打完电话要向邻座致歉。注意不要自恃"同行人"而随便取用、翻弄他人的物品。还应注意要尊重列车员的劳动。

5. 言谈讲究分寸

长途旅行共处时间长，乘客少不了交谈闲聊，但要注意几点：第一，不宜大声说笑，以免妨碍他人；第二，不要随便打听别人，特别是女士的年龄、婚姻、收入等个人隐私，不泄露机密，不要谈论不健康、不愉快的话题；第三，不要过分热情，如果对方无交谈欲望，则不可勉强，不可强求别人留下地址，同时也不可轻易把自己的情况透露给他人。

6. 礼貌道别

到达目的地时，收拾好自己的行李，与其他乘客有礼貌地道别，让老弱病残孕先行，有秩序地排队下车、下船，不要争先恐后。

勿损车船设备

火车、轮船上有很多电气开关等设备，绝对不可随意触动。乘船时，不要在白天舞动花衣服或手帕，晚上也不能拿着手电筒乱照，否则有可能被别的船只认为是传达某种信号而做出反应。应避免出现这些由于无知而造成的麻烦。

（六）乘飞机礼仪

随着生活水平的提高，生活节奏的加快，飞机已成为人们生活中十分普遍的交通工具。因此，必须通晓一些必不可少的乘飞机的礼仪。

1. 耐心办手续

无论是乘坐国内航班还是乘坐国际航班，都必须办理登机手续，一般包括检查机票、查验各种旅行证件、安全检查等。这些手续虽然较为烦琐，但为了保证乘客旅行安全，却是必不可少的。同时，为了不耽误登机，乘客应至少提前一小时到达机场。如果乘坐国际航班，还应留出更充裕的时间，以便接受检查。

2. 尊重乘务员

当乘客上下飞机时，空中小姐都会站在机舱门口迎送，乘客应表示感谢或点头示意，不做任何表示则是不礼貌的。

在飞行中，除了送饮料食物，如果乘客还需要其他服务，如送杂志、报纸、毛毯、常备药物等，可按头顶上的呼唤按钮或向乘务员招手示意，但不要起身，大声喊叫，接受服务后要礼貌地致谢。

在乘机过程中，要对乘务员的服务给予积极配合。为了保证飞行安全，乘客应在乘务员的指点下，按规定系好安全带、竖起椅背、收起小桌板等，不要等到乘务员专门走过来提醒你。

3. 与人方便

登机后，要在乘务员的引导下，尽快找到自己的位子，放好行李，不要在通道上停留，如果行李太大或太多，无法放进行李架，则应由乘务员安排，放在指定的地方，不可放在座位底下。

乘机中还要顾及前后左右的乘客，不要给他人带来不便。例如，坐在座位上时，如果要放低椅背，要先告知后排的人，以便他们做好准备，不要突然放下座椅靠背。还有的人有一个习惯动作，喜欢跷着二郎腿摇摆，不停地碰撞到前排的座位，这样会令人反感。

4. 勿乱动开关、设备

此项要求比在车船上的要求更严格，因为飞机上的开关、设备等更精细，技术含量也更高，而一旦出现问题，危险性更大。

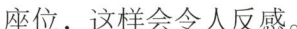

飞机上的"小"动作引发"大"事故

某年，三亚至绵阳某航班到达绵阳机场后，在下客过程中，一名男子觉得机舱闷热，顺手打开了飞机左侧的应急舱门，导致飞机悬梯滑出受损。其行为已违反相关法律法规，被绵阳机场公安分局依法行政拘留15天，并承担高额赔偿费用。

总之，每个人的生活都离不开交通工具。它们是特殊的公共场所，也是社会文明的窗口。当人们置身于其中，其言行举止不仅是自身文明修养程度的体现，同时也能折射出整个社会的文明状况。

二、公共场所礼仪

（一）购物礼仪

购物原本是一件令人愉快的事，但有时也难免乘兴而去，败兴而归。究其原因，固然有营业员服务态度的因素，但许多时候是顾客自己忽略了购物礼仪的缘故。营业员和顾客之间应该相互尊重，文明相处。

1. 要尊重营业员

在商店购物时，对营业员态度要谦和，要有礼貌地称呼他们，如"同志""服务员""先生""您"等，不要"喂喂"地乱喊，不能用命令式的口气对营业员说话。当营业员忙着为别的顾客服务时，应耐心等候，稍后招呼。在购物中，要对营业员使用礼貌用语，如"请""谢谢"等。

2. 购物时不应过多地挑拣

购物前最好事先多看看，不要因为拿不定主意，东挑西拣而影响其他顾客购物。现今超市大都使用开放式货架，方便顾客挑选货品，则更应注意不要反复挑拣。特别是购买蔬果、生鲜食品等，不能只顾自己而造成浪费。挑选后不买的商品要放回原处，不要给他人带来不便。

3. 损坏商品应主动承担责任

在挑选易损、易污、易碎商品时，要格外小心，轻拿轻放，万一不慎损坏了商品，应主动提出赔偿或者买下被损坏的商品，而不能拒不认账或赶快逃脱。

4. 当营业员出错时，应多包容

售货中，营业员因忙碌难免会出一些差错。这时，顾客应给予谅解，善意提醒她（他）及时纠正，不要过于计较。若营业员态度恶劣，拒不认错，尽量不要与之争吵，引起其他顾客围观，明智的办法是找商店管理人员出面协调解决。

5. 养成环保好习惯

购物时应尽量使用菜篮或帆布袋等可循环使用的购物袋，少用超市提供的免费塑料包装袋，更不能浪费。

6. 不带宠物进商场

虽然宠物猫、狗很可爱，但也有很多人对之比较敏感，且超市、商场等地人流量大，宠物容易受惊。所以，应顾及他人的感受和商场规定，不带宠物购物。

7. 退货要做到理礼两全

当发现买回家的商品有质量问题或感到不称心时，可以到商店去退换。如果符合商品退换条件，而营业员不给退换，顾客据理力争无可非议，但应尽量避免发生争吵。有些商品确实不能退换的，如内衣、食品、药品等，也应遵守商店的规定。

（二）游览礼仪

旅游观光可以增长见识，陶冶情操，锻炼身体，是一项十分有益的活动，已经成为许多人闲暇生活的重要内容。尤其是现在越来越多的人出境旅游，中国游客在境外的一举一动，不仅关乎其个人的文明素质，还体现了中国公民的整体形象。做一个文明的游客应注意以下三个方面：

1. 保护环境，人人有责

名胜古迹是自然界的恩赐，也是前人留给后人的财富，一旦被毁便不会再生。因此，应像爱惜自己心爱之物一样爱护旅游景点的一砖一瓦、一草一木。在旅游景点攀折花木，踩踏绿地，随意涂写刻画；触摸珍贵的文物展品；用东西投掷、捅逗或追赶游览点的动物；在山林中吸烟点火等，均是违反公共道德乃至法律法规的行为。

人们在游览明山秀水的同时，自然也希望置身于整洁、静谧的环境之中。所以，在旅游观光时，不要大声喧哗、嬉笑打闹，更不要随地便溺。在外野餐之后，一定要将垃圾收拾干净，集中丢弃在垃圾箱中。

2. 注意礼让，顾及他人

在旅游途中，游客间要以礼相待，主动谦让。如在某些景点拍照留影时，不要与他人争抢，途经狭窄的曲径、小桥、山洞时，要主动给老幼妇孺让道，不争先抢行。游览点若备有让游客休息的椅子，应主动给老人、孩子、妇女让座。不要与人发生争执，如果冒犯了他人，应及时致歉。遇到购票或观看某景点的人较多时，要自觉排队，听从管理人员的安排，以免发生混乱。

随团旅游要强化时间观念

如果你随团旅游，一定要听从导游的安排，征得导游同意后方可离队。

在自由游览时，不可玩得忘乎所以而误过归队时间，让全队人为你担心。

3. 健康娱乐，陶冶身心

旅游本应该是享受健康生活，提高生活质量的活动，但一些旅游景点的经营者受经济利益的驱使，用色情、赌博等违法项目招徕顾客，败坏社会风气。游客应自觉抵制涉黄、赌、毒的违法项目，选择健康、高雅的文化娱乐活动，使旅游真正成为陶冶身心的活动。

在旅游途中，还要注意个人形象，不伤风化。如不要赤身露体，有碍观瞻；年轻情侣、新婚夫妇结伴游玩，在大庭广众之下，不要有过于亲昵的举动。所到之处要入乡随俗，特别是在国外或少数民族聚集地区，一定要尊重当地风俗习惯，否则可能会触犯禁忌而酿成大错。

别忽视旅游文明

2006年10月2日，中央文明办、国家旅游局（现文化和旅游部）联合颁布了《中国公民国内旅游文明行为公约》：

1. 维护环境卫生。不随地吐痰和口香糖，不乱扔废弃物，不在禁烟场所吸烟。

2. 遵守公共秩序。不喧哗吵闹，排队遵守秩序，不并行挡道，不在公众场所高声交谈。

3. 保护生态环境。不踩踏绿地，不摘折花木和果实，不追捉、投打、乱喂动物。

4. 保护文物古迹。不在文物古迹上涂刻，不攀爬触摸文物，拍照摄像遵守规定。

5. 爱惜公共设施。不污损客房用品，不损坏公用设施，不贪占小便宜，节约用水用电，用餐不浪费。

6. 尊重别人权利。不强行和外宾合影，不对着别人打喷嚏，不长期占用公共设施，尊重服务人员的劳动，尊重各民族宗教习俗。

7. 讲究以礼待人。衣着整洁得体，不在公共场所袒胸赤膊；礼让老幼病残，礼让女士；不讲粗话。

8. 提倡健康娱乐。抵制封建迷信活动，拒绝黄、赌、毒。

（三）观看礼仪

1. 提前入场

观看文艺演出、电影、戏剧或体育比赛，应按开演时间提前几分钟入场，尽量不要迟到，若因故迟到了，应尽快悄声入座。

2. 保持安静

观赏演出或电影，需要一个肃静的环境，观众才能专注。在观看体育比赛时，对运动员或裁判员乱加点评，毫无顾忌地大声发表"高见"，有哗众取宠之嫌，应避免。特别要记住关闭手机或将手机调到振动挡，不要让手机铃声扰乱人们观赏的心情。

3. 注重衣冠整洁、入时合宜

一般而言，到剧院看戏、参加晚会是一项庄重的活动，观众要注意衣冠整洁、入时合宜。切不可穿背心、短裤、拖鞋入场，更不可袒胸露背。若有戴帽，入座后应脱帽，以免挡住后排观众的视线。

4. 尊重演员和运动员

当演出中出现一些反常情况，不可喝倒彩、吹口哨或向舞台上投掷东西。演出结束后，应热情鼓掌。观看体育比赛时，要为双方运动员的精彩表现鼓掌喝彩，而不能偏向一方，向客队或自己不喜欢的一方表示不敬。当运动员发挥失常时，不能向运动员怪叫、讥笑，这样不但会增加运动员心理压力，也影响看台秩序。观看体育比赛时，情绪易于激动可以理解，但应注意把握限度。

5. 讲究举止文明

有不少人喜欢在观看演出或比赛时吃零食，其实这是很不文明的行为。一方面，吃东西的咀嚼声会干扰周围的人；另一方面，果皮瓜壳之类随手乱丢也会造成环境不洁。另外，公共场所禁止吸烟。吸烟有害他人健康，是不道德的。

室内公共场所禁止吸烟

我国《公共场所卫生管理条例实施细则》（以下简称《细则》）第十八条明确规定：室内公共场所禁止吸烟。公共场所经营者应当设置醒目的禁止吸烟警语和标志。室外公共场所设置的吸烟区不得位于行人必经的通道上。公共场所不得设置自动售烟机。公共场所经营者应当开展吸烟危害健康的宣传，并配备专（兼）职人员对吸烟者进行劝阻。

同时，《细则》还进一步明确了执法主体、强化了公共场所经营者的责任、加重了处罚力度。《细则》规定，公共场所经营者对发生的危害健康事故未立即采取处置措施，导致危害扩大，或者隐瞒、缓报、谎报的，由县级以上地方人民政府卫生行政部门处以五千元以上三万元以下罚款；情节严重的，可以依法责令停业整顿，直至吊销卫生许可证。构成犯罪的，依法追究刑事责任。

6. 注意退场礼貌

不要在演出或比赛未结束时就匆匆退场，弄出响声，挡住别人视线，这样既是对演员或运动员的不尊重，也影响他人观看，是很失礼的。如确有急事需要退场时，应向邻座致歉。演出或比赛结束后，应待贵宾先退场，观众方可离去。退场时不要争先恐后，应让儿童、女士和长者先行。

课内外活动建议：

1. **观察体验：** 列举出五种以上行路时的不文明行为。

2. **用心思考：** 外出长途旅行乘坐车船时，与人交谈应注意哪些问题？

3. **实践训练：** 建议乘坐一次公共汽车，进行乘车礼仪规范的训练并仔细观察乘客的行为，然后做出点评。

4. **思辨讨论：** 为什么旅游观光时，行为举止更要符合礼仪要求？如何做一个文明的游客？

第三节 职 场 礼 仪

礼仪格言

职业生涯是人生最重要、最有意义的阶段。

在当今人才济济、竞争激烈的社会中，能找到一份职业，尤其是一份适合自己专业和兴趣的职业，是一件令人羡慕的事。

任何事情自有其成功的秘诀，若要"职"在必得，除了要有真才实学，还应具备一定的职场礼仪，在招聘者面前展示个人良好的文明修养也是一个重要的因素。文雅的谈吐、得体的举止是一个好员工的重要品质之一，这已经成为许多用人单位的共识。正因如此，职场礼仪成为时下求职者必修的一门课程。

一、求职面试礼仪

举一反三

介 绍 信

某公司登报招聘一名文职人员，有30多人前来应聘。入选的竟是一位既没有带一封介绍信，也没有任何人推荐的小伙子。别人询问原因，经理解释说："他带来了许多介绍信。他神态清爽，服饰整洁，在门口蹭掉了脚下带的土，进门后随手轻轻地关上了门，这些都说明他做事有条不紊、认真仔细；当他看到老年人时，就立即起身让座，表明他心地善良、体贴别人；进入办公室时，其他人都从我故意放在地板上的那本书上迈过去，而他却很自然地俯身捡起它并放到桌子上；回答我的提问时简洁明了、干脆果断。这些不就是最好的介绍信吗？"

（一）求职资料书写礼仪

求职者在求职过程中，为了向用人单位全面提供自己的情况，以及证明这些情况的真实性，往往要准备以下书面资料：就业推荐表、求职信（自荐信）、个人简历、导师推荐信、毕业证书、学位证书、获奖证书、成绩单、发表的文章、辅修专业证书以及各类短期进修的结业证书等。

以上资料中，最重要的是求职信和个人简历。求职信和个人简历写得好就会给对方留下深刻的印象，起到很好的自我推销的效果。这里，主要谈谈求职信和个人简历的书写礼仪。

1. 遵循诚实原则

写求职信和个人简历要遵循诚实的原则，不可大夸海口谎报自己的经历和文化程度，如实地写出想从事某项工作所具备的条件以及选择某项工作的原因。当然，也不要过于谦虚，让对方怀疑你的自信心。

2. 美观整齐干净无误

现今求职信和个人简历一般都使用计算机打字的方式制作，要注意一定不能出现错别字，连标点符号都应认真检查，不可给用人单位留下粗心潦草的印象。同时，排版也需注意要美观、整齐、干净，给用人单位良好的第一印象。另外，如果书法较好，最好手写求职信，并且手写的求职信容易让对方感受到求职的诚意，能达到以情感人，以诚动人的效果。

3. 格式要符合规范

求职信开头要使用正确的称呼。一般写明"×××单位领导××（或×××公司董事长、总经理××），您好"等字样。结尾写好"此致　敬礼"后，要同时写上自己所在学校和姓名。此外，为了表示对对方的尊重，在求职信中应适当选用一些谦辞、敬语，如"恳请""敬请""您""贵公司"等。求职信往往会寄发给许多不同的单位，不宜千篇一律，不要张冠李戴。要针对目标单位或公司的性质有针对性地动笔，至少对收信人称呼不能雷同。

个人简历并没有固定的撰写格式，只要简单明了，让人一目了然即可，写成表格形式也是可以的。学历、学位、专业能力、特长、爱好、实践经历等重要的信息应该浓缩在第一页，主次要分明。用人单位往往更看重求职者现在的学历和能力，所以，时间上宜从现在往前写。

 学海拾贝

面试中常见问题的考察方向

1. 自我介绍。（考察仪表、仪态、表达能力）

2. 为什么应聘这个岗位？（考察求职动机、愿望以及对企业、岗位的认识）

3. 怎样看待自己的专业？印象、态度如何？（考察职业取向和业务水平）

4. 你学过哪些与应聘岗位相关的专业知识？（考察专业素质）

5. 你认为自己最大的长处和短处是什么？（考察自我认识能力）

6. 你与同学、同事相处得如何？（考察团队精神）

7. 你最喜欢和最不喜欢的人是谁？（考察个人价值取向）

8. 在过去的学习、工作中，你解决过什么样的问题？取得过什么样的成就？（考察解决具体问题的能力）

9. 对这项工作，你认为有哪些可预见的困难？（考察分析能力以及对此工作的态度）

10. 你希望的薪酬是多少？（考察对自身职业价值的期望值）

（二）面试礼仪

得体的仪表、文雅的举止，是一个人基本素质的外在表现，不仅能赢得他人的信赖，给人留下良好的第一印象，还能增强人际交往的吸引力。在现代生活中，越来越多的用人单位开始意识到求职者的仪表、举止与个人素质之间的联系。不注重仪表礼仪必然会影响求职择业，而每年因仪表、举止不雅而在求职面试中痛失良机的也不乏其人。

求职者除了遵循一般的仪态、仪表要求外，还有必要特别注意以下几点：

1. 仪容仪表，整洁端庄

当你参加求职面试时，应当适当地打扮一下自己。总的原则是，不要一味追求华丽时髦，而应以端庄得体为好。

（1）仪容要整洁。男士要洗净头发，刮净胡须，整理好发型，不要留长发，不要染发；女士可留披肩长发，但也要梳理整齐，不要给人披头散发之感。无论留什么发型，都要显出你的优雅气质。指甲要修剪整齐，甲垢清除干净。面试时切忌穿有破损的衣服，如掉了一粒纽扣，衣服开线了，或是裤脚起了毛边。女士绝对不能穿破洞或跳针了的丝袜。面试当天穿的衣服、鞋等事先都要熨烫和擦净。

（2）服饰要得体。就服饰而言，应选择庄重、素雅大方的服饰，以正装为佳，以显示出稳重、文雅的职业形象。在春秋冬季，男士可以穿西服套装，但穿法一定要规范。西装颜色以灰色、深蓝色等深色为好。对刚走出校园的大学生来说，有些人尚无能力购买西装，因此也可穿夹克。夏季时，男士可着长、短袖衬衫，不可卷起袖子，下摆一定要塞在裤腰里；不扎领带时，可把风纪扣打开。女士宜着西装裙，色彩以灰、深蓝、黑、棕、米白色为好，上身配颜色协调的衬衫，裙子不宜过短，一般不能短于膝上10厘米或齐膝；脚上配中、高跟皮鞋，不宜穿前后敞口的皮凉鞋；不要穿太露、太透的衣服，让人感觉不够端庄。最好不戴戒指项链之类的金银首饰。

（3）化妆要自然。女性应聘者在面试时，可适当化妆。略施粉黛会显得更有精神、更亮丽，但不宜浓妆艳抹。妆容要自然、协调，充分体现出女性美好的形象。

（4）表情姿态要从容。人的姿态是身体语言，在面试中，若运用得当将有助于面试成功。所以，当你走进面试室时，要精神饱满、面带微笑、镇静自若，眼睛要注视对方，不可游移不定，让人怀疑你的诚意。

2. 言谈举止，得体稳重

（1）材料要齐全。出发之前检查一下所需的材料是否已经备齐并且按顺序放好，保证面试时不用翻找就能迅速取出所需材料。反之，如果手忙脚乱地翻找，那就很尴尬，会给人留下不好的印象。

视频：
玩笑式的面试

（2）赴约要准时。赴约面谈或面试时，绝对不可迟到，应至少提前10分钟到达。抵达后要注意整理一下服饰。尤其注意面试前应检查手机是否已关机。

（3）就座要讲究。座位有上下尊微之别，应试者就座时应选择合适的位置。在面试过程中，由用人单位领导、专家和有关人员组成的考官为尊者，应试者应选择在他们的下座，或者比对方座位低一些的沙发和椅子。如果对方已经指定，就应坐在指定的椅子上。就座时不要自己先坐下，应等接见者请你就坐时方可入座。不要将身体靠在椅背上，也不要坐满整个椅面，最多坐椅面的2/3。男士不要跷二郎腿，女士应抚裙而坐，双腿靠拢。

（4）举止要得体。当到达面试场所时，若办公室的门关着，不可冒失闯进，应轻叩房门，得到许可后方可入内。同时，应注意站、坐、立"三姿"。

（5）言谈要有度。回答问题时要做到态度从容，不卑不亢，抓住重点尽快组织语言，但不要离题。对任何问题必须诚实回答，不可编造谎言，忌夸夸其谈。说话声音不能太小，语速不要太快。

（6）告别要礼貌。面试结束，被暗示可离开时，不要忘记起身后将椅子放好，并向对方致谢。离开时必须从容，开门关门要轻，别忘了向接待你的人员致谢。

 **知书识礼**

面试后的表示

面试结束后，最好给接见者写一封简短的感谢信，或发送感谢微信、短信。这样做既是礼貌，又可弥补面试的不足，让对方再次感受到你对该单位的向往之情，加深对你的好感。

二、上岗礼仪

如果说求职应聘是自我推销的话，到职上岗就是展示自我能力的开始，尤其"首因效应"十分重要。为了树立良好的第一印象，走上新的工作岗位时，应意识到，既然为本单位的一员，个人的仪表、举止和谈吐就不再仅是个人素质的体现，而且还是本部门形象的体现。

（一）准时到达，切忌迟到

一定要按照录用单位事先要求的时间准时到岗，切忌迟到。这是起码的职业礼仪和劳动纪律要求。

（二）衣着整洁，言行有礼

显然，保持良好的自我形象，是树立自信心、获得人们好感的关键，这对新参加工作的员工尤为重要。员工衣着应当符合单位形象。工作期间必须按规定着装，应稳重大方、整齐清爽、干净利落、讲究仪表、言谈礼貌。初来乍到，不要在无人指引的情况下到各办公室乱转。

还应注意，介绍同事时应起身或点头微笑示意，并且一定要仔细听清并记住同事的姓名，尽早熟悉认识。

（三）规章制度，全面了解

全面了解单位的各项规章制度和有关奖罚措施，如上下班打卡时间、工作时间、请假、休假、值班、加班等；详尽了解管理各项业务工作的负责人姓名及职责，尽快进入工作状态。

（四）若遇不解，坦诚求助

若遇到不解之事，应坦诚求助，人们往往更愿意原谅无知而不肯原谅错误。

三、辞职礼仪

辞职跳槽在市场经济时代是司空见惯的现象，应注意给原单位及同事留下良好印象。辞职时做到有礼有节，更能够体现出一个人的修养。

（一）"三不"

1. 不损大利

辞职是慎重权衡之后的选择，务必要三思而后行。既要考虑辞职对自己今后发展是否确实有利，也要顾及自己的辞职是否给原单位或公司造成一时难以弥补的损失。

2. 不伤感情

做出辞职决定后，要在适当时机以书面或口头的方式心平气和地向有关领导及人事部门提出。不可因一时冲动而吵闹伤人，负气出走。辞职之后，也不宜随意批评原单位的领导或同事。

3. 不违道义

辞职不能不识时务。一般不宜在单位或公司亟须全力以赴"攻关""冲刺"的非常时期、节骨眼上提出辞职，更不能将原单位的机密文件及技术资料带出。

（二）"三要"

1. 要交接

在离职前要办理好相关手续，特别是要善始善终地站好最后一班岗，认真负责地移交工作，保证原单位或企业的正常运转。这是起码的职业操守。

2. 要感谢

离职时应向原领导道谢，对曾帮助自己的人表达谢意。

3. 要道别

离开时要向领导、同事告别，切忌不辞而别。

课内外活动建议：

1. **情景演练：**课堂上，同学之间互扮考官和求职者，进行求职面试的模拟演练。

2. **用心思考：**为什么在求职应聘中要诚实有信？

3. **实践训练：**根据你的专业特点，按照求职信的书写礼仪要求，写一份求职信；并为自己设计一份个人简历。

4. **思辨讨论：**据报道，现在有一些大学毕业生为提高求职的成功率而去整容。如何看待这种现象？

第四节 通 信 礼 仪

闻其声可知其德，阅其辞可知其人。

在人际交往中，信息交流除了可采用面谈方式之外，还有书信、微信、微博、电话、网络等通信方式。由于这些表达方式的特殊性，在礼仪方面，既包括说话礼仪的一般要求，又有通信礼仪的特别要求，更体现一个人的学识教养，对此应引起高度重视。

一、电话交谈礼仪

电话在社交活动中使用频率非常高，掌握电话礼仪十分重要。日本企业家松下幸之助说："不管是在公司，还是在家里，凭这个人打电话的方式，就可以基本上判断其教养的水准。我每天除了收到好多预约讲演的信件，还接到很多委托讲演的电话。我凭着对方在电话里的说话方式，就能判断其教养如何。凭对方在电话里的第一句话，就可以基本决定我是去讲，还是不去。"这是因为从电话礼仪可基本看出一个人的教养如何，是例行公事还是真诚相邀。

（一）打电话的礼仪

打电话的人作为主动行为者，应该考虑到被动接听者的感受。

1. 不打无准备的电话

打电话应该是有目的的，不能随便拨号。这关系到对他人尊重与否的问题，因为你打的电话毕竟打扰了对方，占用了人家的时间。

打电话时要有良好的精神状态，不要躺着，或歪靠在沙发上。除非在极为特殊的情况下，否则不要在气喘吁吁时就打电话，更不能边吃东西边打电话。

拿起听筒前，应明白接通电话后该说什么，思路要清晰。尤其给陌生者、尊者、上司打电话时，更应该有备而谈。如果要谈的内容比较多，应征求对方是否有空，或以商量的口吻另约时间。

2. 选择适当的通话时间

原则是尽量不打扰对方的作息。一般而言，三餐时间、休息时间，或对方临出门上班时、临下班要回家时，不宜给别人打电话，给对方造成麻烦。除非事故发生等万不得已的特殊情况，切忌半夜三更打电话，以免惊扰对方及其家人。

拨号后要有耐心，如果对方一时未接，也要等到铃响六七次后才能放下话筒。通话时间也要控制，尽量长话短说。

3. 注意说话礼貌

话筒传声与面谈显然有别，因此，传递给对方的声音及其语气、语调显得尤为重要。话筒既不能贴得太近，也不可离得太远。音量要适中，以对方听得清晰为准。相对平时说话，语速要稍缓，语气应平和，必要时，亦可用适当升调向对方致意，给对方以亲切感，但不可拿腔拿调、装腔作势。

一般而言，接通电话后，应立即做简要的问候、自我介绍并说出要求通话的人。

举一反三

谁最符合电话礼仪？

A. "您好！我是闽江学院的张三，请找李四先生。"

B. "您好！林老师，祝您教师节快乐！"

C. "您好！我是张三，李四在吗？"

D. "喂，叫一下李四。"

E. "喂，李四吗？你知道我是谁吗？猜猜看！怎么？连我的声音都听不出来？把我忘记了？"

以上完全符合电话礼仪要求的仅是A，其余的都有不足之处，最令人反感的是E。当然，如果对方是你非常熟悉并经常通话的人，就可以省去许多起始语而开门见山、直奔主题。特别提醒，慎问"某某在吗？"尽管许多人常用这简洁语，但其潜台词却有犯忌之处。对方若是健康正常的、正在工作的人，这样问未尝不可；如果对方是老年人或是病人，那就绝对不能问人家"在吗？"

当接通电话，对方答应你"稍候"时，你就应握着话筒静候；假如对方告诉你要找的人不在场，你如果不想交代什么，也应道声"谢谢"，最好说"打扰了，谢谢！"，切忌粗鲁地将电话挂断。

打电话要尽量用礼貌语。常用的有："您好！""我说明白了吗？""谢谢！""再见！""晚安！"

（二）接电话的礼仪

接电话的礼貌体现自身的教养、家庭或单位的风貌，不得不注意。

1. 把握好接电话的时间

一般要求在铃响三声内接，最好第二声后提起话筒。如果在第一响后就接，显得仓促，精神上准备不够；如果你处在比较从容的状态中，那在第一声响后接电话则更好。若是在五六声响声后接，一般要向对方说明、致歉。

2. 热情接听，认真处理

拿起话筒，首先以礼貌用语通报自己的单位名称，如"您好！（这儿是）闽江学院"，这样，一方面做到了礼节性的问候，又能让对方听清楚你的单位，一举两得。若是在家中或个人办公室，由于自己的身份明确，打电话者一般是熟悉的人，接电话时一声"您好"式的简洁问候，对方就可回音了，若有必要，接着再做自我介绍。

接到打错的电话也不要发火，仍然要亲切地说："对不起，您打错了。"

3. 结束通话

当电话交谈结束时，可询问对方："还有什么事？"这既是尊重对方，也是提醒对方，最后以"再见"之类的礼貌语结束。

知书识礼

结束通话不可草率

放下话筒的动作不可草率。如果话音刚落，你就"啪"的一声扣上听筒，可能会使你前面的礼貌前功尽弃。一般是让尊者方先放下话筒。

（三）手机礼仪

随着手机的普及，与之相应的是关于手机礼仪的问题。虽然在公共场合禁用手机难以办到，但手机礼仪是可以遵行的，应给予高度重视。手机礼仪既有电话礼仪的共性要求，还有其特殊的规范。

1. 该开则开，该关则关

一般情况下，要让手机处在开机状态，不要让那些急于想同你联系的人干着急。在特殊场合，比如在飞机上，或正在开车、开会、动手术、讲课、表演、会谈时，不能随意使用手机。这既是为自己及别人的安全着想，也是礼仪的起码要求。

2. 不该响时，绝不让它响

在某些场合，包括会场、课堂、影剧院、音乐厅、图书馆、宾馆大堂……不能旁若无人地打手机。最好关机，或把手机调到蜂鸣震动状态，绝不让它发出噪声。

3. 及时接听和回音

手机的一大优点是通信便捷，可贴身跟随。开机时，手机就要随身带，或放在容易拿到的地方，以便及时接听，不让对方焦急等待，也不让远离主人的手机吵烦他人。在不便及时接听的情况下，一有机会，就要及时回复并说明原因和致以歉意。

4. 长话短说，顾及他人

打手机应特别注意说话简洁，节约通话时间。如果对方正在路上或在办事或处在不宜多说话的场合，就更应长话短说。

用手机通话时，最好要通报一下所在的方位，以便对方判断各自的处境。

现在的手机功能越来越多，但不要利用它发送垃圾信息，不可开庸俗的玩笑。

5. 潇洒大度，彬彬有礼

当你正与他人谈话而不得不接听手机时，应先向谈话对象致歉后再接听手机。

当你接到一个拨错号码者的电话时，也要保持彬彬有礼的风度，不应该出言不逊。

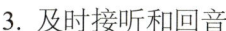

知书识礼

使用手机时要顾及他人

手机的基本特点在于移动性，可能把噪声带到任何场所。因此，手机使用者要特别注意顾及他人。

6. 玩手机要节制

在移动互联网时代，智能手机功能越来越多，上网、影音、图文、网购、地图、搜索、短信、微信、微博、QQ、拍照、摄像、录音等功能一应俱全，把计算机、照相机、摄像机、录音机的功能都浓缩其中。因此，"拇指一族""食指一族""低头一族"等群体应运而生。不少人沉溺其中，难以自拔，不仅影响了身心健康，而且影响了正常学习和人际沟通，以至网络上流传这样一句话："世界上最遥远的距离，不是天涯海角，而是我在你身边，你在玩手机。"因此，玩手机一定要节制，切不可上瘾。

知书识礼

使用手机要注意场合

不仅在上班、上课、开会、走路时不能玩手机，而且在聚会、饭局、座谈时，也不宜玩手机。否则将会影响工作、亲情、友情，甚至会出现安全问题。

二、书信礼仪

书信的历史悠久，最早的书信称为"书"。之后，书信又有了"简（柬）""札""帖""函""笺、素、翰""尺牍"等别名，有些仍沿用至今。现代尽管电话、计算机网络已普及，但书信在表达情感、体现个性、便于珍藏等方面，具有不可替代的特殊意义，仍是现代重要的社交工具。要写成一封让人喜欢的信，一定要讲究书信的礼仪。

书信常被分为用于私人往来的一般书信和用于公事往来的专用书信。它们的格式基本相同，只是在用途上有所差异。

（一）一般书信往来的礼仪

一般书信包括信封和信瓤两部分，它们分别有一定的格式要求。

1. 信封的礼仪

（1）首先要使用规范信封，并且不要用铅笔或红色墨水书写。旧时用的是竖式信封，写法从右往左，右上方写收信人地址，在下方写寄信人地址。这种信封现在已不多见，常见的是横式信封，见图2-6。

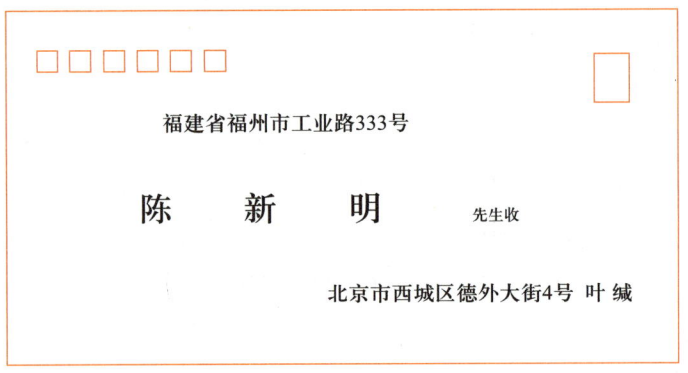

福建省福州市工业路333号

陈　新　明　先生收

北京市西城区德外大街4号 叶缄

图2-6　横式信封

如图2-6所示，信封左上角为收信人所在地区的邮政编码，在6个小方格中分别填上6个数字，如350002。为了保证投递及时，一定要书写准确。邮政编码后边或下一行为收信人地址，要写清收信人所在省（市、自治区）、县（区）、城区、街和门牌号码，以及高层建筑的房号。如果寄往农村，则要写清省、县、乡、村以及大村的街名等。尤其是发往单位的信件，不要只写单位名称，还应在单位名称前写明详细地址，如："××省××市××区××路××号××大学××学院"。

　　人们还经常发现不少人在写收信人地址时用一些省略或简化的形式，如只写"吉林××区"，而在吉林既有吉林省又有吉林市，这样就可能出错，所以应写清是"吉林省××市××区"或者"吉林市××区"。

　　信封上也不宜写省（市）、自治区的简称，如闽、粤等；或单位简称，如闽二中、南大等。而应用全称，即福建省、广东省，闽侯县第二中学或闽清县第二中学、南开大学等。

　　在收信人地址的下方即信封中部，写收信人姓名（或单位）。为了醒目，更为表示对收信人的尊重，可将字写大一些并且落笔略靠左一些，如图2-6中"陈"字就应比地址的第一个"福"字稍大并偏左。姓名之后空一格或两格写"先生""女士""同志"等，之后写"收""启""鉴"等，也可以不写。写姓名时不要使用写信人对收信人的亲属称谓或者收信人的行政职务，如"×××姨妈""×××局长"，因为信封主要是给投递人员看的，这样写对投递人员是不礼貌的。写姓名时还要注意连名带姓，表示尊敬。

　　信封的右下方应写明寄信人的详细地址，如果是挂号信，应写寄信人姓名。因为没有详细地址，一旦信未送到收信人手中，那么这封信将成为"死信"，无法退回。最后，在信封的右下角的6个小方格中填上寄信人所在地区的邮政编码。

　　要注意的是，不要忘记贴上邮票。贴邮票处在信封的右上角，邮票应贴足并贴正。一般不要将邮票反贴、贴歪或贴在背面或信封封口处，这样会使信看起来不规范。

　　（2）如果是托人转交的信，信封一般不封口，也可以让受委托人封口，以表示礼貌。如果捎信人熟悉收信人的地址，信封上就不用再写地址，只写"烦交""面交""送交""呈交"就可以了（如果不熟悉，应把详细地址写上），然后在信封中间写收信人姓名。接下来，写"×××托"或"×××拜托"，见图2-7。

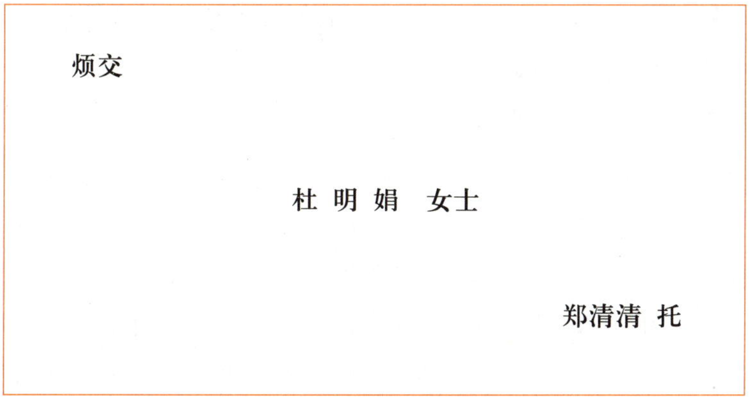

烦交

　　　　　杜　明　娟　女士

　　　　　　　　　郑清清　托

图2-7　托人转变的信封

2. 信瓤的礼仪

信瓤为书信的主要部分。旧时对其礼仪要求很复杂，要用专用的纸写，必须写满两页，而且不能一行一字，折叠时文字还须向外。现在对写信的要求已简单化了，但也应注意基本格式。一般包括称谓、问候、正文、结尾、署名、日期这几部分。下面分别加以介绍。

（1）称谓，或称抬头，是指写信人对收信人的称呼，称呼应顶格，要单独成行，之后加上冒号。使用称呼要了解地域习俗，注意礼节礼貌，使之合乎身份、地位，同时也表现出写信人的真诚。使用称谓时，有以下几种情况要加以注意。

夫妻之间，写名字，或写一个字。对亲戚长辈一般不写姓名而写"伯父""三叔公""舅父"之类的称谓。兄弟姐妹之间，大对小的可以直接写名字。

收信人如果是朋友、同事、同学等，熟悉的可写名字。不熟悉或初次通信的人，姓名后一般应加上"同志""先生"等。

对德高望重的老人，在姓之后加上"老"字，如"叶老"，以示尊敬。对领导，往往写姓加职务、职称，如"高局长"。对自己的老师、师傅，应在姓后加"老师""师傅"，在称谓前还可加上"尊敬的""敬爱的"等。

（2）问候，又称启辞。旧时书信常将这一部分作为正文的开场白，主要是寒暄客套，或者说明写信原委。现今书信也有沿用，如"久疏通问，时在念中"等。现在比较习惯用简单的问候语，表示关心、惦念，同时也作为正文前的过渡。

常用的问候语有"您好"。如恰逢节日，可作针对性问候，如"春节好""新年好"等，也可问候对方的身体状况或学习情况等。问候语应写在称呼下一行空两格处，可以单独成行，也可后接正文。

（3）正文，另起一行，前面空两格。这是书信的核心部分，一般包括缘由、主体、总括三部分。

缘由即说明写这封信的原因。如果是写回信，往往注明"来信已于×月×日收到"，然后回答对方提出的问题。

主体就是要求准确清楚地表达写信人的意图。

总括放在主体之后，对主体内容加以概括总结，或对重点加以强调。

（4）结尾，又称祝词。也就是在正文之后，表示祝愿。如给长辈，应写"敬颂崇祺""敬请康安"等；给平辈，一般用"顺颂安好"；给晚辈，用"即问日佳"。对知识界人士，可用"敬请教安""顺颂撰安""敬颂编安"等。根据时令，用"顺颂夏安"等；还有通俗化的，如"敬祝健康长寿""此致敬礼""祝学习进步"等。具体的应根据与对方的关系、写信的季节、时日等考虑。

（5）署名和日期。署名放在祝词之下，署名之下写日期。可以写上年月日，也可以写月日，或只写日，还可加上具体时辰和写信地点，如"8月6日晚7时于榕城"。

（6）补遗。所有内容都写完后，将书信再阅一遍，如有错别字或不通顺之处，要加以修正。如果发现有遗漏的内容，可以补写。方法是，提行在开头处写"另外""另""又及""还有"等字样，再加补写的内容。

3. 其他注意事项

（1）信瓤的通常折法：文字朝外，先直后横，把收信人的名字放在最上面，使对方打开信封，一抽出信纸马上就能看见自己的名字。原则是尽量给收信人以方便。

（2）用打印机打印的信件，署名一定要手写（签名），以示慎重；称谓最好也要手写以示尊重。

4. 写信忌讳

（1）潦草。写信不是草书表演。如果收信人读不懂你的草字，其尴尬心态可想而知，你的信也就失去了意义。

（2）信纸不规范、不整洁。如果随便用作业簿、笔记本撕下的纸，或者用巴掌大的纸写信，会给人以小气的印象。

（3）用笔不懂规矩。如用红笔，意味着绝交；用铅笔，表示过于随意；用圆珠笔，表示不够慎重。因此，最好用黑色墨水笔写信。

（4）落笔太随意。写信不同于面谈，容不得马虎。因此，写信时态度要认真，语气要和缓，幽默语要慎用。尽量用规范和文明礼貌的词句，表达意思要一清二楚。

（5）不及时回信。该回的信就要尽快回，拖得越久，让对方越焦急，于礼有亏。

总之，书信是一个人性格、品行、修养的镜子。

知书识礼

不用公家信封信纸写私人信

作家冰心指出：不要用公家信封信纸写私人信，这不仅是礼仪要求，也是品格修养的表现，还是国际通行的惯例。

（二）几种常见的专用书信的礼仪

1. 感谢信

感谢信是为感谢单位、个人的关心、支持、帮助等所写的信函，可以张贴，也可以邮寄。其格式与一般书信基本相同。

书写感谢信时应注意两方面问题：一是要在第二行居中位置写上"感谢信"或

"×××感谢信"之类的标题；二是正文内容首先要精炼、概括地叙述对方的事迹，说明为什么要感谢，通过这种叙述表现对方的优秀品格和优良作风。叙述时，首先要将事迹叙述清楚并有条理，但要精练。把人物、事件、时间、地点、原因、结果等要素说清楚，在此基础上可以做出恰如其分的评价，点到为止。其次要叙述怎么感谢，要诚恳地表达自己的感激之情，表示自己如何报答对方的热心帮助。

2. 慰问信

慰问信是在节日期间或某些特殊情况下，向单位、个人表示关怀、问候、安慰或鼓励的一种专用书信，既可以面交或邮寄，也可以刊登在报刊上。其格式与一般书信基本相同。但在书写时也要注意以下几个方面的问题：一是要在第一行中间写上"慰问信"或"×××致×××的慰问信"之类的标题；二是内容要根据写信的目的和对象而定，例如，慰问公安干警，可赞扬他们舍生忘死，为维护社会秩序，保卫人民生命财产所做出的重大贡献；三是慰问信的结尾往往要表示共同的愿望和决心。

3. 贺信

贺信是在有关单位、个人有喜事时，写信表示祝贺的专用书信形式。贺信的内容可以是祝贺家庭、个人婚嫁寿辰一类的喜事或收信人取得的优异成绩，也可以是祝贺重大会议或重要的纪念活动等。

写贺信时，一要做到感情饱满、充沛，语言表达要热情洋溢，令人振奋；二要做到内容实事求是，评价成绩要恰如其分，不可言过其实。

三、电子邮件、微信、博客及微博网络礼仪

随着网络的日益普及，人与人之间的距离逐渐缩短。网络已成为新颖、便捷、常用的人际交往工具，网络礼仪应运而生。

网络礼仪英文叫作Netiquette，由"网络（net）＋礼仪（etiquette）"两个词汇复合而成，是网络生活中为交往更方便、网络更畅通，要求人们遵循的行为规范。

（一）基本原则

1. 真诚

真诚是做人的基本道德准则，在网络礼仪中则有特殊的意义。网络的显著特点在于其虚拟性，可以在未见其人，未闻其声，未知其真名，未看其笔迹的情况下进行交流。因此，在网络交往中真诚待人，更能体现一个人的品格。当然，在不伤害他

人的前提下，利用虚拟的网络生活，隐去自己真实身份，适当幽默，未尝不可。

2. 公平

公平是法律生活的基本准则，在网络礼仪中也同样适用。在网络世界中虽然可以畅所欲言，但绝不意味着可以肆无忌惮、为所欲为。应牢记己所不欲，勿施于人。你希望别人怎样待你，首先必须怎样对待他人。不能只顾自己发泄而不管他人感受。

3. 慎独

慎独是古人强调的君子品格，在网络礼仪中显得尤为重要。网络生活的多样性、虚拟性和隐蔽性，容易使人想入非非，误入歧途。在目不暇接、流连忘返之时，也有可能眼花缭乱、头晕目眩，一旦落入圈套就深受其害，悔之莫及。因此，人们在畅游网络世界的时候，应具有较强的自律意识。

学海拾贝

《全国青少年网络文明公约》

为推动网络道德建设，进一步提高青少年道德水平，共青团中央、教育部等八部门联合发布了《全国青少年网络文明公约》，内容如下：

要善于网上学习，不浏览不良信息。

要诚实友好交流，不侮辱欺诈他人。

要增强自护意识，不随意约会网友。

要维护网络安全，不破坏网络秩序。

要有益身心健康，不沉溺虚拟时空。

（二）电子邮件礼仪

电子邮件（E-mail）是写信的另一种方式，也像纸质书信那样，可以被记录下来并很方便地进行复制。电子邮件不仅具有一般书信礼仪的基本要求，而且还有其特殊的规范。

1. 要让对方知道发信者的身份

写匿名信总给人以不够光明正大之感，有违书信礼仪，发电子邮件亦是如此。虽然收件人可看到信件来自何方，但电子信箱名称往往是五花八门的，与真名并不相同。因此，当发出电子邮件时，别忘了署上真实姓名，或公司、单位名称，别让对方费时、费力地去猜想。当然，如果是经常联系、彼此熟悉的网友，省略署名则未尝不可。

2. 不要强加于人

正如不速之客令主人尴尬一样，不请自到的信息不受欢迎。因此，在寄信前，要想到邮件会不会给收件人带来反感，尤其是广告信息，少发为佳；淫秽、暴力等非法内容，决不能发。

如果很有必要把邮件发送给陌生人，请说明缘由并附上道歉的语句。

另外，发送较大的邮件要先进行压缩，以减少对他人信箱空间的占用。

3. 每天检查新邮件并尽快回复

为避免回复不及时，应注意经常打开信箱查收邮件，最好是每天检查新邮件并尽快回复，哪怕是简短的回信也好。回复信件时适当附上原文，以便收件人能很快知道来信主旨。

4. 写电子邮件应适度简洁

网络的一大特点是便捷，电子邮件可顷刻达到，立即回复。因此，简洁是写电子邮件的艺术。每一封信的主题要明确、清晰，言简意赅，而不要加入过多无谓的客套词语，准确表达即可。

但简洁也应有分寸。如果仅写一封只有两句话的信，没有开头、结尾、标点，也是不礼貌的行为。

5. 在英文邮件中不能都用大写字母

如果电子邮件用的是英语等外语，在信件中不能都用大写字母。这在互联网上被视为在大声喊叫，是非常不礼貌的。因为在网络上全部用大写字母写信，意味着表达一种非常强烈的观点，有咄咄逼人之意并很难阅读。如果你要强调一个词或者一句话，可以全部用大写字母，并在两端用"*"符号标记。如：Today is a * RAINY * day，还应该在电子邮件的标题部分写明信件的主旨，才符合礼仪要求。

（三）微信礼仪

近年来，微信成为人们非常重要的联系交流方式，甚至被看作个人的"第二形象"，掌握微信礼仪十分重要。

1. 公布的个人信息要真实

是否使用自己的真名与照片作为微信名与封面，可以随心所欲，无可厚非，但如果以此伪装自己，误导他人，则失礼缺德。

2. 发帖与转发要慎重

第一，要注意发布的范围。是公布在朋友圈、群组，还是转发给个人，都要根据其内容而定。如悄悄语、贴心话、牢骚言不宜随意发布到朋友圈。

第二，发帖或转发不可任性。自撰的文字、自拍的照片/视频、自己制作的微秀等不可弄虚作假，不宜自我炫耀；转发微信最好经过对方许可，至少要给予点赞后转发。发帖与转发的数量要有节制，切不可散布谣言和黄色低俗之作，一些没有经过核实的消息也不宜转发。

第三，不可滥用微信。不宜通过微信乱发广告信息，更不得利用微信影射、谩骂、诽谤他人。

3. 添加好友有讲究

在日常社交中，微信扫码添加好友一定要先征得对方同意。要按照长幼有序、主客适宜的礼仪原则，将添加好友确认权留给长辈尊者。

4. 在朋友圈也要注意礼尚往来、互相帮助

收到或发现美文、美图、好音乐、好视频、好礼物时，要有相应回报，并乐于与朋友分享，多互动，多点赞。对微信群、朋友圈内发起的扶贫济困、互帮互助等活动要积极参与，多做雪中送炭之事。

点赞及评论礼仪

点赞及评论是对朋友发布的微信表示关注和赞赏。

点赞及评论应彰显诚意，避免漫不经心的随意性。不要在人家发布悲伤痛苦的微信上也贸然点赞；评论也应有感而发，表示你对朋友的在乎、欣赏与尊重，用语应亲切自然，避免说教的口吻。

（四）微博及短视频礼仪

微博及短视频是互联网时代人们发表见解与交流情感的载体。好的微博及短视频不仅要靠内容赢得声誉，而且要以相应的礼仪来赢得好人缘。

1. 精心设计赏心悦目的主页

设计个性鲜明、格调雅致、色彩悦目的主页，犹如人的仪表，是形成良好第一印象的关键，是礼仪的基本要求。

微博或短视频的头像的选用

最好选用能充分展现个人风采的照片或能体现个人特质的图片作为微博或短视频的头像，以文责自负、坦诚相见的态度表示对访客的尊重。避免选用负面、惊悚、恶俗的照片或图片等作为头像。

2. 内容要依法合规

在微博及短视频平台上发表内容应遵守法律法规和道德规范的要求。早在2013年9月，我国最高人民法院、最高人民检察院在《关于办理利用信息网络实施诽谤等刑事案件适用法律若干问题的解释》中就明确了"网络诽谤"入罪标准：利用信息网络诽谤他人，同一诽谤信息实际被点击、浏览次数达到5 000次以上，或者被转发次数达到500次以上的，即可构成我国刑法中所规定的诽谤罪。因此，在微博及短视频平台上发布言论、图片、视频等都要慎重取舍，要发真善美之作，杜绝违法、虚假、低俗的东西。

3. 博主与访客的相互尊重

博友之间地位平等，只有先来后到之别，没有贵贱高低之分。切忌以领导长者自居，居高临下，以势压人。

博主要有好客之心与待客之礼，以整洁温馨的页面迎候嘉宾光临，用经常更新的丰富多彩的内容招待访客。

访客也要有做客之礼。一旦开始浏览，就应花些时间阅读和点评，哪怕送上鲜花、握手、赞叹之类的表情也好。不要无动于衷，无声无息。

博友之间应礼尚往来，经常互访。如果访客太多，无法一一回访，可以在首页公告栏加以说明、致谢。

4. 好友邀请与受邀

博主对留下"脚印"的访客或友人推荐的其他博主等，可以发出加其为好友的邀请，以拓展人脉。

对那些无头像、无日志、无博友的博客邀请，则不宜贸然应邀，可婉言谢绝。或不予理会，留待观察。

5. 正确点评与讨论

点评讨论微博或短视频的内容是一种很好的交流方式。对精彩的内容，应予以真诚的赞美；而对有问题的内容需表示不同观点时，最好私下交流，不宜公布在评论栏里，以免博主难堪。

对于访客的点评，应尽量回复致谢或作出解释说明。

知书识礼

保 持 善 意

点评、回应、讨论都要出于善意，用语文明，有理有节，决不能盛气凌人、出言不逊、恶意攻击。

6. 乐于互助分享

有缘相识，有幸为友，就应该发扬助人为乐与知恩图报的精神，互帮互学，互相促进。尤其是受到博友的帮助，可不吝赞美感谢之辞。

微博或短视频的内容有人分享才有意义，访客引用转发越多越有价值。

作为分享者，应该尊重原创者的劳动与读者的知情权。引用转载时最好征得作者同意，或者注明来源和出处，让读者知道你的内容是"原创"的还是"转载"的。

发表言论或转发资讯要注意内容的合法性、真实性和有益性

网络世界赋予了人们言论自由的便利，但言论自由也是有限度的，绝不意味着可以肆无忌惮、为所欲为。无论是通过短信、微信、QQ、微博及短视频发表言论、转发信息、发帖跟帖，还是直接通话、影音文字聊天，都要小心谨慎，注意内容的合法性、真实性和有益性。不可只顾自己发泄，不顾他人感受，不能披露他人的隐私，也不能在朋友圈转发那些未经辨别的资讯及垃圾信息，更不能散布谣言。

（五）网上聊天与小组讨论的礼仪

网上聊天，既能一对一谈心，也可以参与小组交谈；既能专题讨论，也可无主题漫谈，畅所欲言。参与者多用化名、昵称，自由自在地在虚拟的社区发言。网络上的言论五花八门、千奇百怪。其中，低级趣味的玩笑、肆无忌惮的怪论等也屡见不鲜，危害不浅。因此，强调网络礼仪既是尊重他人，也是尊重自己。

1. 顾及他人的情感

要知道你交流的对象也是有血有肉的人。不要以为在虚拟的网络世界，就可以不顾他人的自尊和感情。应该像当面交谈那样诚恳、亲切、慎重，顾及彼此的情感和形象。网上的言行要与日常生活中的言行一致，不说假、大、空话。一个人最好不要使用多个昵称，以免有骗人、蒙人之嫌。

要尊重他人的隐私权，不要向他人提出任何涉及个人隐私的问题。要尊重他人乃至他国的风俗习惯，不要触犯他人禁忌。

2. 善于克制自己的情绪

在发表见解之前，要三思而后言，慎重使用在网上的话语权。

要尊重专题讨论的特点与宗旨，不要轻易挑起争端。当你不愿评论或发表自己的见解时，请以微笑应之；当你不同意或反驳对方观点时，不要用过激言辞，更不宜用粗俗的谩骂语言。

3. 善于体现自己的教养

网络生活也要追求高境界，比如，与人共享彼此的专业知识，交流信息，互相帮助。

原谅他人的过错，以冷静、理智的心态对待网上的交往。

由于网络生活不是面对面的交谈，日常生活中的幽默语言可能被误解为挖苦、粗俗的表现。因此，要慎用幽默。在必要的情况下可以使用表情符号。

4. 不要浪费他人的时间

不要浪费别人的时间，不宜聊起天来没完没了。

不宜直接传送非文本模式的文件，更不能在网络上散布无用的垃圾信息。

切忌在网上散布病毒或进行网络语言"轰炸"，或猜测他人计算机密码，或肆意公开他人的口令。这都是违法缺德的行为，更是严重悖礼的行为。

课内外活动建议：

1. **情景演练**：在课堂上模拟打电话、接电话的过程并进行评点。

2. **观察体验**：日常生活中人们打电话、写信、用微信、微博是否符合礼仪的要求？

3. **用心思考**：为什么说"从电话礼仪就可基本看出对方的教养"？

4. **思辨讨论**：网络礼仪的现实意义。

本章测试

第二章：
交互式测验
及参考答案

第三章
习俗礼仪

[学习目标]

★ 素养目标：

⊙ 掌握节庆民俗礼仪的意义，自觉继承弘扬中华优秀传统文化。

⊙ 领悟家庭礼仪对个人成长的重要影响，自觉维护良好家风。

⊙ 能够主动投入学雷锋活动与志愿服务，自觉践行社会主义核心价值观。

★ 知识目标：

⊙ 掌握家庭礼俗的基本内涵及作用。

⊙ 了解中华民族传统节日的主要形式和内容。

⊙ 了解现代节日的起源及内涵

★ 能力目标：

⊙ 了解中华民族传统节日礼俗的基本内容，做到入乡随俗。

⊙ 掌握二十四节气与农业生产和日常生活的关系

⊙ 能够积极实践家庭礼仪，促进家庭和谐。

思维导图

习俗礼仪是一定地区或特定团体的民众为生活有序而约定俗成的行为习惯和规则，具有自发性、自在性、随习性、传承性。

中华民族五千年文明之所以生生不息，代代相传，得益于我们民族的凝聚力与亲和力。这种凝聚力和亲和力在很大程度上是靠我们绵延不息的民族习俗维系起来的。民俗是无形的、自发的情感表达，这种情感在关键时候往往会产生凝聚人心的巨大力量。

中国是一个地域辽阔、民族众多的国家，不同的地区、不同的民族孕育了不同的习俗、不同的礼仪。所谓"十里不同风、百里不同俗"讲的就是这种现象。中国是一个礼仪之邦，习俗礼仪深入社会生活的每一个角落，可谓无时不在、无处不有。了解习俗，可以避免社交活动中无谓的麻烦，尊重习俗，可以拉近人际心理距离，利用习俗，则可以拓展社交活动领域。

第一节　家庭礼俗与邻里关系

 礼仪格言

> 家和万事兴。

家庭生活的和谐和邻里关系的和睦是社会安定的基石。几乎每个人都渴望有个温馨和谐的家和良好的邻里关系。

党的二十大报告提出要"弘扬中华传统美德，加强家庭家教家风建设"。良好的家风是家庭和睦的前提，更是孩童健康成长的保障。"诗礼传家"是古代书香门第的

优良传统，"知书识礼"即注重追求知识与教养也应成为现代家庭的基本信条。

要家庭和谐、邻里和睦，就不能不重视家庭礼仪。家庭为根，社会为本。

知书识礼

常回家看看

请不要忘记各种重要节日，已故老人的祭日，每一位家庭成员的生日以及结婚、乔迁等值得纪念的日子。及时纪念、一起庆贺，共同回味难忘时光，抒发真情，共享天伦之乐。

在外忙于事业和学业的中青年，也别忘记常回家看看！

一、家风与家规

（一）家风

家风是家庭的氛围和风气，是家庭成员精神风貌与行为习惯的展现。家风对家庭成员性格、习惯、气质的养成影响很大，尤其对孩子的成长，更是起到了潜移默化的熏陶作用。因此，每个家庭成员都有责任培育和谐良好家风。

家人相处，应长幼有序，谦恭有礼，互相尊重，及时沟通，彼此包容，共同营造温馨氛围，和睦共处。家庭成员之间应分工合作，共同承担家务，平日生活应勤俭节约，保持居家内外环境整洁。出门说去处，回家报平安。夜必归家，因事不能归时，必先告家人。常怀感激之情，常挂会心微笑，不吝啬"请""谢谢""对不起"之类的语言。

精读感悟

习近平谈家庭、家教、家风

家庭是社会的基本细胞，是人生的第一所学校。不论时代发生多大变化，不论生活格局发生多大变化，我们都要重视家庭建设，注重家庭、注重家教、注重家风，紧密结合培育和弘扬社会主义核心价值观，发扬光大中华民族传统家庭美德，促进家庭和睦，促进亲人相亲相爱，促进下一代健康成长，促进老年人老有所养，使千千万万个家庭成为国家发展、民族进步、社会和谐的重要基点。

（资料来源：习近平在2015年春节团拜会上的讲话，2015年2月17日。）

（二）家规

要形成良好的家风，也需要有相应的家规或家训。在中央档案馆国家档案局和上海市档案局（馆）联合主办的《中国共产党人的家风档案》展览中，醒目地展示着周恩来总理的"十条家规"：晚辈不准丢下工作专程来看望总理，只能在出差顺路时去看看；来者一律住国务院招待所；一律到食堂排队买饭菜，有工作的自己买饭菜票，没工作的由总理代付伙食费；看戏以家属身份买票入场，不得用招待券；不许请客送礼；不许动用公家的汽车；凡个人生活上能做的事，不要别人代办；生活要艰苦朴素；不要说出与总理的关系，不要炫耀自己；不谋私利，不搞特殊化。这"十条家规"，体现了周总理严于律己的高风亮节和"管好自家人"的率先垂范意义，这也是周总理受到人民深切爱戴的重要因素。

家规、家训不失为简单易行、行之有效的家庭美德、家庭礼仪建设的基本要素。我国历史上有许多脍炙人口、富有哲理的名人家规、家训，留下不少格言警句，如孔子的"不学礼，无以立"；诸葛亮的"非淡泊无以明志，非宁静无以致远"等古训，至今仍有现实意义。图3-1为林则徐"十无益"家训。

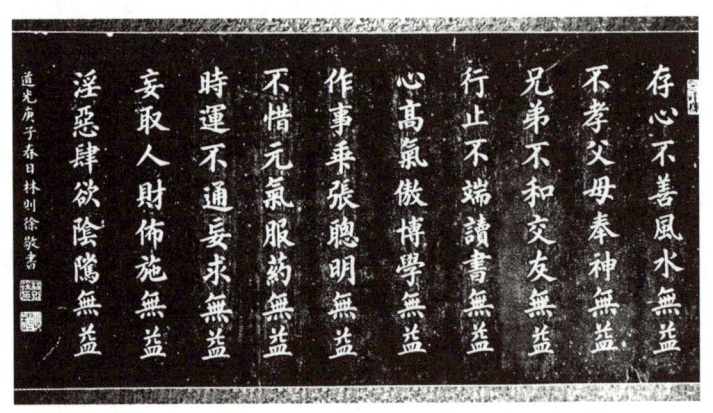

图3-1　林则徐"十无益"家训

 精读感悟

朱子治家格言选粹

黎明即起，洒扫庭除，要内外整洁。

一粥一饭，当思来处不易；半丝半缕，恒念物力维艰。

居身务期质朴，教子要有义方。

与肩挑贸易，勿占便宜；见贫苦亲邻，须加温恤。

见富贵而生谄容者，最可耻；遇贫贱而作骄态者，贱莫甚。

施惠勿念，受恩莫忘。

凡事当留余地，得意不宜再往。

人有喜庆，不可生嫉妒心；人有祸患，不可生欣幸心。

善欲人见，不是真善；恶恐人知，便是大恶。

二、家庭成员相处礼仪

（一）尊老

百善"孝"为先。孝敬父母、尊敬老人，是做人的本分，是天经地义的责任，也是最基本的人伦之礼。

1. 要常怀感恩之情

做儿女的应该时刻不忘父母养育之恩，尽量在物质和精神上予以父母报答。在父母眼里，儿女似乎永远都是小孩，所以即使父母再唠叨，也要不厌其烦。

2. 不要干涉父母的私事

父母也有自己的社交空间和人情往来，更有自己的感情寄托，做晚辈的不可越俎代庖。尤其是失偶老人的再婚问题，子女应将心比心，为父母晚年幸福着想，给予理解支持，切忌粗暴干涉。

3. 要在细节上体贴

经常嘘寒问暖、问安侍奉，及时添衣备药、祝寿报喜；尽量帮父母扫扫地、刷刷碗；常常陪他们聊聊天、散散步，必要时揉揉肩、捶捶背；有条件时带父母出去观光旅游。

4. 不要做"啃老族"

长期花父母的血汗钱，甚至把父母的积蓄和财产据为己有也心安理得；视父母老人为保姆，或为累赘，缺乏体恤之心和责任感……这样的人很难获得人们的尊敬，必将遭到社会的谴责。

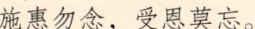

知书识礼

尽孝最难能可贵的是保持和颜悦色

尽孝最难的是"色难"，即子孙对父母老人经常保持和颜悦色才是难能可贵的真"孝顺"。既要物质赡养，更需精神慰藉；不仅老人生病时能够送医侍药，而且要不厌其烦并和颜悦色。父母老人即使有错，也要婉转地规劝；他们若不听从，仍要恭敬；内心忧虑，却不怨恨。父母老人为子孙操劳一生，难免迟钝老化多病，甚至固执唠叨，不讲卫生，儿女更需要理解体贴，拿出父母当年抚育婴儿那样的耐心和细致来回报他们。

（二）爱幼

我国历来有甘做"孺子牛"之说，尤其是在独生子女家庭，十分宠爱、百般呵护孩子的现象极为普遍。

孩童一旦形成唯我独宠、罔顾他人、衣来伸手、饭来张口的习惯，将来就很难与他人相处，很难适应社会。

父母是孩子的首任教师，要牢记"儿孙自有儿孙福，莫为儿孙做马牛"的古训，要明白大人的礼仪教养、处事作风，对孩子影响深远。因此，做父母的应该注意以下三个方面。

1. 率先垂范，言传身教

父母要尊敬长辈，关爱他人，不在孩子面前议论老师、长者；夫妻之间要相互谦让体谅，尽量避免在孩子面前吵架；重承诺，守信义，对孩子提出的问题，父母要给以明确答复；对满足不了孩子要求的事，大可不必勉为其难，但要及时解释清楚。

2. 多与孩子沟通，做到有礼有节

对子女应既民主亲切，又注意身份距离；既关心孩子的学习生活，又不随意翻阅子女的日记、信件。在与子女交谈、活动中培育感情；要营造家庭的民主氛围，使子女了解家庭情况，重大决策也可征求孩子意见，培养孩子的自立能力。

3. 维护孩子人格自尊，讲究教育方法

对孩子不能主观武断，强人所难。吃穿方面，不必过度喂食保暖；学习方面，不必求全责备，更不可不顾孩子的兴趣和精力，强迫子女参加各种各样的培训班，以免揠苗助长。孩子的同学、朋友到家里做客，父母要表示欢迎和尊重；在客人面前，不要讲孩子的过错；注意发现并适当表扬孩子的优点。

知书识礼

批评孩子的技巧

批评孩子要讲究方法，注意时机。吃饭时不要唉声叹气，更不要训斥孩子；未弄清真相时，不要盲目训斥孩子，宁可沉默也不要冤枉孩子；不要当外人面批评孩子。

（三）夫妻“八互”

夫妻恩爱是人生幸福的基本要素。夫妻间的“八互”可视为夫妻生活温馨幸福的秘诀。

1. 互敬

夫妻要“相敬如宾”，尊重对方的人格与劳动；尊重对方的志趣和意愿，不可盛气凌人，颐指气使；还要尊重对方的亲戚朋友。

2. 互爱

夫妻间的互爱至关重要。爱情不能只停留在恋爱和新婚阶段，而要与时俱进，更新维护。当然，过分的爱也大可不必，那会迷失自我并成为对方的负担。

3. 互信

夫妻间要互相信任，不要胡思乱想。互相猜疑，捕风捉影必然伤害夫妻感情；随便查看对方的手机、信笺、收入清单，无疑是心胸狭窄的不理智表现，应该允许对方有一定的社交空间。

4. 互帮

夫妻间应互帮扶持。无论是在事业、生活上，还是在处理亲友问题上，一方如果遇到麻烦事，另一方应当豁达大度，尽可能地给予帮助，家庭幸福的根基才能巩固。

5. 互慰

人生不如意的事十之八九，夫妻间应多多交流，常常倾听对方的心声，遇到伤痛挫折时彼此安慰，共渡难关。

6. 互勉

面临竞争激烈的社会、终身学习的时代，夫妻双方都在追求进步，需要互相勉励，以增强信心，坚强地面对事业和生活。

7. 互让

俗话说“舌头与牙齿都会相斗”，夫妻间出现矛盾或吵架也难以避免。一方动怒时，另一方要谦让些，不可针锋相对，切忌互相揭短，冷酷无情，从而矛盾升级。“事不三思终有悔，人能百忍自无忧”的古训仍有现实意义。

8. 互谅

人非圣贤，孰能无过？夫妻一方出现错误，另一方要认真分析错误的性质和原因，只要不是原则问题，就应该宽容和体谅对方，尽快消除不愉快的气氛，不能揪住不放，不依不饶。即使错误严重导致感情破裂，也要理智友好地分手。

三、亲戚与近邻

（一）亲戚交往

重亲缘人伦是中华传统文化的一大特色。要珍惜亲戚之间自然存在的宝贵缘分，即使再忙，也别忘了沟通感情。

"亲戚亲戚，不走不亲"，说明亲戚关系需要走动和沟通才能巩固。但走亲戚也要看时机，亲戚家有喜当贺，有难当帮，尤其是婚丧场合，最好到场致贺或凭吊；实在不能亲临也要通过电话等方式予以致意、解释并寄上人情仪礼。

但"田园日日去，亲戚淡淡走"，也说明亲戚不能走动太频繁，特别是当今社会生活节奏快，工作压力大，非喜庆等特殊日子走亲戚往往会干扰对方正常的工作和生活，不但达不到增进情谊的目的，反而令人尴尬、反感。

亲戚交往还应注意：第一，亲戚之间交往不可分贫贱富贵，尤其是不能冷落穷亲戚。虽有辈分的不同，也应相互尊重，平等对待。第二，亲戚之间要助人为乐，互相帮助，但不能只顾亲戚情面而做出违法违纪之事。第三，"亲兄弟明算账""投桃报李"的原则也同样适合于亲戚关系。第四，切忌势利。我们可以在日常生活中注意维护亲戚关系以拓展人脉，但要唾弃那种对有权有势者，只要沾亲带故就接踵而至、攀亲附戚的现象。

（二）邻里和睦

俗话说"远亲不如近邻"，搞好邻里关系是生活幸福的重要因素。

古人云，邻里之间"出入相友，守望相助，疾病相扶持，则百姓亲睦"。

新型的邻里关系应该是，既要尊重邻居的私人空间及生活习俗，保持适当的邻里距离；又不能冷漠无情，以邻为壑。

1. 见面点头笑，相逢问个好

既然低头不见抬头见，就不可形同陌路人，打个招呼与己无损，对融洽关系有益。

2. 严于律己，注意细节

尽量不干扰、不妨碍他人。要保持环境整洁，不往窗外扔垃圾、泼污水，勿将废弃物随意丢弃户外。隔窗不窥视，隔室不窃听，登高不呼唤。在室内睡觉、换衣服要注意拉上窗帘，有所遮掩。出入门户，上下楼梯，应步履轻缓，尤其是夜迟归来，不惊四邻。屋外停放车辆，不可妨碍交通。楼道空间不乱堆物品。

3. 宽以待人，学会礼让

对邻居要以礼相待，平易近人，不要苛求抱怨，斤斤计较。能谈得来的就多往

来，谈不拢的就保持适当距离。对邻居不合理的要求和举动，也要本着"有理、有节"的原则妥善处理。

4. 相互帮助，相互体谅

邻里之间有需要帮忙之处应热心相助，不宜冷漠拒绝，袖手旁观，切忌幸灾乐祸。对邻居装修等原因造成的不便之处，也应充分理解体谅。

自娱自乐也不能随心所欲

在紧张工作之余，生活闲暇之时，唱唱歌，跳跳舞，自娱自乐；或邀请些亲朋好友玩玩牌，喝喝酒，热闹热闹，这是人之常情，本无可厚非。但不能干扰邻居的正常生活。因此，娱乐的时候必须把握好时间、分寸，还要将心比心地考虑邻居的感受。

在正常的午休、夜晚睡觉时间，乃至学生学习迎考的时候，不能吹拉弹唱、喝酒猜拳，制造噪声。更不能通宵达旦打牌搓麻大呼小叫。当邻居有丧事等家难时，不宜在家歌舞娱乐，或呼朋唤友。

（三）居住环境的文明

营造安宁、温馨、美观的居住环境，是居民及管理者的共同期盼。然而，要拥有祥和美好的社区或村落环境，除了街道居委会或村委会管理有方外，更重要的是居民、物业、保安之间的互相礼让，密切配合，共同维护。

1. 互相尊重

无论是城市社区的物业管理人员和保安，还是农村的村干部，对居民及其来访客人都要彬彬有礼，认真履行职责；居民对管理者、保安也要充分尊重，不可傲慢无礼，遇见他们问声好，碰到清洁工道声辛苦，彼此关心，关系融洽。

2. 控制装修噪声

当事人要尽量避免装修噪声过度干扰邻里的正常生活。法定休息日、节假日全天及工作日12时至14时、18时至次日8时，禁止在已竣工交付使用的住宅楼内进行产生噪声的装修等扰民作业。管理部门也要协助家装当事人合理安排工期，帮助减少噪声污染。

3. 不乱占公共区域

管理部门要与居民商定规则，并大力宣传，引导教育小区居民规范停车。车主也应按章办事，尤其要注意不侵占他人车位，不妨碍他人出车。居民也不得占用公共楼道、路旁乱堆杂物，以免引起"公愤"。尤其是不得在公共门厅、疏散走道、楼梯间、安全出口处停放电动自行车或为其充电，以免引起火灾。

4. 不践踏绿地，不乱扔垃圾

许多小区精心修建了绿地，并设计了"通幽"的"曲径"，但不久后，草地就被踩出不少新的"捷径"，破坏了景观之美。因此，每一个居民都要强化"芳草青青，踏之何忍"的意识，并注意不要将垃圾随处乱扔，或长时间堆放在楼道里，应用心维护环境。

知书识礼

养宠物狗不要伤人扰人

近年养宠物狗的家庭越来越多，社区内遛狗的情景屡见不鲜，而由宠物狗引起的纠纷事件也时有所闻。

因此，养宠物狗者要注意：

一要讲卫生。尽量防止狗在社区随地便溺，一旦控制不了，主人应及时将其排泄物清理干净，保持社区公共场所的卫生与美观；更不能让宠物狗在社区景观水池内洗澡。

二要保安全。遛狗时，主人要牵好狗套上绳索，不要任它追逐扑咬，狂吠乱叫。遇到老人、小孩与孕妇，必须格外小心，千万别让宠物狗惊吓了他们。

三要慎用昵称。许多人把宠物当成家庭成员，对小狗也自称"爸爸""妈妈""哥哥""姐姐"之类。但出了家门，要注意不要将宠物与他人一起排辈分，比如对狗说"别惊吓姐姐""快给阿姨道歉"之类，可能给他人带来尴尬与反感。

课内外活动建议：

1. **情景演练**：到邻居家借针线。
2. **观察体验**：家庭成员是否应做到"出入必告"？
3. **用心思考**：应如何孝敬长辈？对待久病中的长辈应特别注意什么？
4. **思辨讨论**：祭祖拜宗是迷信吗？

第二节　传统节日礼俗与二十四节气

节日是民族的智慧和心态的体现。

传统节日礼俗是历代祖先在长期社会生活过程中，为适应生活和生产的各种需要而创造出来，并经过不断发展而传承下来的民族习俗。

同世界上许多古老的民族一样，中华民族拥有自己独特而丰富的传统节日。传统节日寄托着人们美好的希望和祝福，是祖祖辈辈传袭下来的文化遗产，是中华民族文化的载体。节日礼俗可谓民族的盛典，它绝对不是简单地穿戴打扮与吃喝玩乐。每一个节日都有其来龙去脉，每一个节日都有一连串美丽动人的故事，每一个节日都有其深刻的文化内涵，每一个节日都体现了人们对精神的某种需求及其情感价值。

传统节日承载着人们美好的希望和祝福，是中华民族文化的载体，能发挥强大中华民族之根，弘扬民族之魂的作用。

一、节日内涵

传统节日是传统文化与节日形式的统一体。它有传说，有故事，比如中秋节有嫦娥奔月、吴刚伐桂，端午节有屈原投江。它必须有活动和仪式，如歌舞、百戏、赛龙舟、踏青、登高、插柳、插艾、插茱萸等，包罗体育、文学、舞蹈、医药等各个方面。每一个节日都有丰富的内容，如春节、中秋节、端午节、重阳节、清明节，这些节日是与大自然相和谐的，是天人合一的，充分表现了中华民族的精神需求，寄予了人们对美好生活的向往和祝愿，展现了中华民族优秀的文化内涵和价值取向。

（一）节日的起源

1. 天文历法

依据天文历法确定某些特殊日子为节日，是世界上的普遍现象，公历元旦就是典型。我国传统是采用阴阳历，依历法而定的节日不少。如以农历新年后的第一个月圆之日为元宵节；以农历二十四节气中第五个节气为清明节等。

2. 原始崇拜禁忌

据说过年的"年"原是一种冬天时扰乱人们生活的恶兽，人们在门上贴红纸（这种恶兽怕红色）防止它进门，用爆竹声把它吓跑，久而久之形成过年习俗，成为我国民间最重要的春节；清明节、中元节则源于对祖先的崇敬。

3. 特殊纪念

以对历史有重大影响的特殊日子作为节日来纪念，如五四青年节、端午节、国庆节。

（二）节日的特点

1. 稳定性和普遍性

节日是历代相传的习俗，早已深入人们心中，具有稳定性和普遍性。传统节日形式多样，内容丰富，具有人与大自然和谐的韵味，为百姓所喜闻乐见。

2. 纪念性和警世性

这是节日的主要宗旨。如清明节既是对祖先的纪念，又是不忘祖恩的提醒。五四青年节既纪念五四爱国运动，又警示国人勿忘国耻，追求民主与科学。

3. 庄严性和娱乐性

节日是寓教于乐的良好形式。过节时往往要举行某种庄严的仪式，以表纪念之意，随之则是喜庆的娱乐庆祝。春节和国庆节（图3-2）就是典型的集庄严性和娱乐性于一体的节日。

图3-2　国庆节

（三）节日的意义

1. 体现博大精深的文化内涵

节日体现了民族的文化与智慧。元宵节的各种花灯与灯谜，就是中华民族聪明智慧和出色技巧的直观反映。每一个节日都有丰富多彩的内容与形式，体现中华民族文雅、雍容、质朴、浪漫的气质。因此，要怀着虔敬之心，认真过好中华民族自己的传统节日。

2. 体现民族的文化认同感

节日根植于民族文化的土壤中，承载着中华民族的思想精华和文化血脉，体现了民族的文化认同感，成为点缀生活、凝聚人心的重要方式。

3. 体现民族精神和民族特色

春节吃团圆饭、拜年等体现了人们根深蒂固的乡土与家庭观念；元宵节闹元宵舞龙灯反映了中华民族憧憬美好生活的良好愿望；端午节划龙舟不仅是对伟大爱国诗人屈原的纪念，也抒发了中华民族齐心协力、奋勇争先的豪迈情怀。

4. 融洽人际关系

节日期间，人们经常走亲访友，举行各种聚会，开展社交活动，从而维护和谐的人际关系，增进情谊，促进事业成功。

二、中国传统重要节日

中国的传统节日不胜枚举，择其要者介绍如下：

（一）春节

春节是中华民族最盛大的节日。过春节又叫过新年。人们在农历正月初一过新年、过春节，即庆祝上一年的丰收，又预祝来年好收成。

春节处于"秋收冬藏"和"春播夏耘"之间的农闲季节，因而传统春节的时间很长，活动内容很多。一般以腊月二十三日（或腊月二十四）过小年起至正月中下旬结束，前后延续一个月之久。主要活动内容有祭灶扫尘、团圆守岁和拜年贺岁。

1. 祭灶扫尘

"糖瓜祭灶，新年来到。"我国民间在腊月二十三或二十四举行的祭灶活动，拉开了迎接春节的序幕。祭灶之后，就是"扫尘除旧"，年终大扫除，全家一起动手，把家里上上下下、里里外外、边边角角都打扫得干干净净，迎接新年。

临近除夕，还要把房屋装点一番。贴春联、挂年画、贴窗花（图3-3）等，可以让家里焕然一新，倍加温馨。尤其是贴春联，可以增添过年喜庆气氛，并寄托人们的美好愿景。春联最好可以自己创作，或者选用寓意深刻，耐人寻味

图3-3　窗花

的佳联，以体现自己的家风品位。

2. 团圆守岁

在辞旧迎新之际，家家户户往往要以美酒佳肴祭拜祖先，表达不忘祖恩之意，教育子孙传承家族的优良传统，奋发有为、报效祖国，光宗耀祖。

除夕晚餐，又称"年夜饭""团圆饭"，是中国人极为重视的家庭宴会。为了这个象征团圆美满的温馨时刻，外出的家人都尽可能地赶在除夕前回到家，以增进亲情凝聚力与互敬互爱关系。除夕之夜团圆饭中常有年糕和饺子。年糕寓意"年高"，年糕的式样有方块状的黄色和白色的年糕，分别象征着黄金、白银，寄寓新年发财的意思。包饺子要和面，其中"和"与"合"字相谐；饺子的"饺"又是"交"谐音，"合"和"交"又有相聚之意，因此用饺子象征团聚合欢，又有更岁交子之意，十分

图3-4　过年（选自《中国节》）

吉利；此外，饺子因为形似元宝，过年时吃饺子，还带有"招财进宝"的吉祥含义。

辞旧迎新的时刻，合家守夜，也叫守岁。有两种含义：年长者守岁为"辞旧岁"，有珍爱光阴的寓意；年轻人守岁，有祈求长辈延年益寿、全家平安之期盼（图3-4）。现在人们大都是在除夕夜观看中央电视台的春节联欢晚会，"共欢新故岁，迎送一宵中"。

3. 拜年贺岁

拜年从除夕到正月元宵节间都可以进行。一般从家里开始，晚辈要先给长辈施礼祝福拜年；长辈可将压岁钱分给晚辈。据说压岁钱可以压住邪祟，因为"岁"与"祟"谐音，晚辈得到压岁钱就可以平平安安度过一岁。

现在亲朋好友之间互相拜年贺岁的方式有电子贺卡、微信、电话、短视频、电子邮件、登门拜访等多种方式，其宗旨是尊老爱幼、共享节日快乐、增进亲友之情。

登门拜年要选择适当的时间，既不失礼貌也不影响主人休息或接待其他客人。

（二）元宵节

正月十五的元宵节又称"灯节"，是中华民族节日中最热闹、最愉快、最富有诗情画意的节日。无论是赏花灯、猜谜语、扭秧歌，还是耍龙灯、舞狮子、踩高跷，无不体现着观赏性、参与性与亲和力。

元宵节的灯又叫彩灯、花灯或灯笼，是元宵节最有特色的事物，也是中华民族举世无双的精湛艺术品。这些灯用竹、绢等制作，蜡烛作光源。从用途上说有座灯、挂灯、壁灯、走马灯；从形式上看，有羊角灯、老虎灯、金鱼灯、熊猫灯、长生灯、

百花灯、青玉灯、长明灯、白菜灯、荷花灯、九莲灯以及龙灯、云灯、宫灯等，真可谓五彩斑斓、千姿百态（图3-5）。

图3-5 元宵灯会

与彩灯相关的是猜灯谜，即在彩灯上制作谜语让游人竞猜，这是我国独特的一种传统文艺形式。灯谜的谜底或为某物、某字、某词，或为某诗句。灯谜内容极为广泛，制作谜语的谜格有上百种之多，如秋千格、卷帘格、折腰格、掉首格、粉底格、徐妃格等。

耍龙灯和舞狮子是我国优秀的传统民间艺术，以其场面的热闹和表演的灵巧有力而著称于世。踩高跷和扭秧歌是民间表演艺术，以其参与性强、活跃气氛而为世人所喜爱。

元宵又称汤圆、汤团、圆子、浮圆子，取其圆形圆音，象征着全家团圆、吉祥、平安、幸福，所以正月十五家家要吃元宵。

（三）清明节

清明是二十四节气中的第五个节气，通常在农历三月间或公历4月5日前后过节，以祭祖、踏青为主。清明节不仅是人们祭奠祖先、缅怀先人的日子，也是认祖归宗的精神纽带，还是人们亲近自然、感受生命、催护新生的大好时光。

尊祖、敬祖是中华民族的传统美德。清明期间，春雨纷纷，乍暖还寒，人们扶老携幼外出进行扫墓活动，以此寄托对祖先或英烈的崇敬和感恩（图3-6），并激发人们追思和怀念祖先，继承和弘扬英烈精神。

图3-6 祭拜英烈

近年来，越来越多的人响应政府"文明祭祀"的号召，通过互联网等途径祭奠先人，在网络上为去世的亲人设立专页，将其生前照片、视频、论著、荣誉证书等有关资料上传，作为纪念载体。在特殊的日子，比如先人的生日、忌日，以及清明节前后，家人打开网页一起看一看，并点烛上香献贡品，增添一些想对先人说的话，遥寄心香一瓣，表达缅怀之意。

清明时节，万物吐芽，春气勃发，草木泛青，一片生机，正是郊游踏青、欣赏春光的大好时机；同时激励人们勤于耕作，美化山川。"清明前后，种瓜种豆""植树造林，莫过清明"。

清明时节，东风吹拂，阳光明媚。放风筝、荡秋千、拔河等文体活动适得其时，很受人们的喜爱。

（四）端午节

端午节又叫"端阳节"，因在农历五月初五过节而得名。其来历说法很多。一说是为了纪念我国伟大的爱国主义诗人屈原；另一说是为了纪念五月初五成立水师、大败吴王夫差的越王勾践；再一说为了纪念东汉救父投江而死的曹娥；还有一说是为了纪念吴国大将伍子胥。总之，这是一个纪念性节日。端午节的礼仪活动很多，有划龙船、吃粽子、喝雄黄酒、挂艾蒿、挂菖蒲、佩戴香袋（图3-7）等。

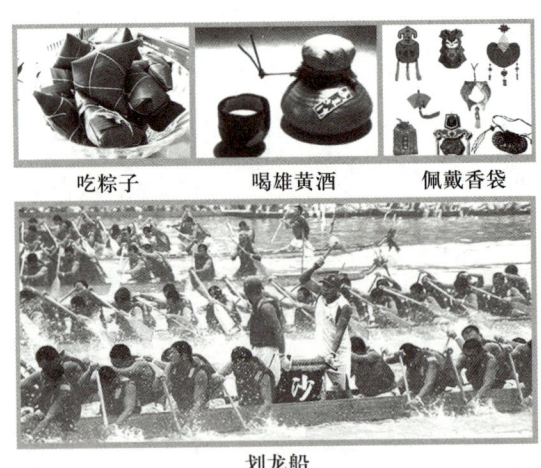

吃粽子　　喝雄黄酒　　佩戴香袋

划龙船

图3-7　端午节

划龙船又叫赛龙舟，因整条船作成龙形而得名。据说屈原投汨罗江后，人们害怕鱼虾蛟龙伤害屈原的遗体，从四面八方划龙船来打捞屈原的遗体，并抛下粽子让鱼虾蛟龙争抢。船之所以作成龙形，是因为鱼虾蛟龙都归龙王管辖，看到龙船，它们自然不敢靠拢，于是就有了端午节吃粽子、赛龙舟的习俗。吃粽子表达了人们崇敬屈原忧国忧民精神的质朴情怀；赛龙舟则体现了齐心协力、奋勇争先的集体主义精神，并逐渐演变为一种强身健体的民间体育活动（图3-8）。

图3-8 观龙船竞渡（选自《中国节》）

 精读感悟

端 午 诗

少年佳节倍多情，老去谁知感慨生；不效艾符趋习俗，但祈蒲酒话升平。

鬓丝日日添白头，榴锦年年照眼明；千载贤愚同瞬息，几人湮没几垂名。

——（唐）殷尧藩

挂艾蒿、挂菖蒲、佩戴香袋，其来源各有不同，但目的是一样的，都是为了驱虫杀菌，因为香袋里装的主要是芳香类药草，而艾蒿、菖蒲本身就具有消毒杀菌的功效。喝雄黄酒也体现了防疫除疫、卫生保健的文化内涵。

（五）中秋节

中秋节也叫"仲秋节"。按照语言习惯，人们把每个季度居中的那一天叫"仲"，而八月十五属秋季居中的那一天，因而人们称之为仲秋。中秋节起源于周天子祭月的古俗，加上嫦娥奔月、吴刚伐桂、玉兔捣药、唐玄宗中秋夜游广寒宫等故事渲染，民间遂形成拜月、赏月、吃月饼、喝桂花酒等习俗。

中秋节的主要活动是围绕月亮进行的。中秋夜秋高气爽，月亮圆满，象征团圆，又叫"团圆节"。每到这一天，离家的游子一般都会尽可能地赶回家中与亲人欢聚一堂，一起赏月话家常。中秋月饼相传由古代祭拜月神的供品沿袭而来，代表团圆、甜蜜、平安等寓意。中秋拜月寄托了家庭和睦、事事圆满的期望。拜月之后，全家人围坐一团，一边赏月一边吃月饼，月圆饼也圆，全家团圆，吉祥如意，此乐何极！人们仰望天空，皓月朗朗，清辉熠熠，普世共享，自然浮想联翩！远在

图3-9 中秋节团聚

他乡的游子，也不禁吟诵"但愿人长久，千里共婵娟"的名句，寄托自己对故乡和亲人的思念之情（图3-9）。

（六）重阳节

农历九月九日，是我国传统的重阳节。根据《易经》说法，九属阳，九月初九两九相重，故称重阳。在中国人的传统观念里，双九还有生命长久、健康长寿的意思。所以重阳节又是体现中华民族优良传统的"老人节""敬老节"。老人们在这一天或登高以锻炼身体（图3-10），或赏菊以陶冶情操，给桑榆晚景增添了许多生活乐趣。

青少年也可以登山秋游，开阔视野，交流感情，锻炼身体，回归自然，培养热爱祖国大好河山的高尚品德。

近年来，每到重阳节来临之际，政府、企业等相关部门都会开展多样化活动，给老年群体送温暖、送欢乐。大学生也可以积极参加志愿活动，给老人们提供力所能及的关怀。

重阳节还有插茱萸、饮菊花酒、吃重阳糕等习俗。茱萸，又名"越椒"或"艾子"，是一种常绿小乔木，气味辛烈，可防恶浊。菊花酒是一种药酒，据说可以治头昏、降血压、补肝气、安肠胃等。重阳糕由粉面、枣、粟、肉等原料做成，有九重高，像个小宝塔，塔上插一面红纸旗，吃糕的时候要点蜡烛灯，"灯"与"登"同音，"糕"与"高"同意，"灯""糕"者，"登高"也；而红纸旗则是"茱萸"的象征。

图3-10 重阳节登高
（选自《中国节》）

三、中国二十四节气

二十四节气是我国祖先在长期生产劳动中创造出来的宝贵财富，是先民观察气候物候变化的经验积累和智慧结晶，是我国古代指导农事活动的重要工具。

（一）节气划分

二十四节气是按照季节、气候、物候等自然现象的变化而划分的。

1. 季节的反映

立春、立夏、立秋、立冬反映四季的开始；春分、秋分、夏至、冬至则从天文的角度反映太阳高度变化的转折点。

2. 气候特征的反映

小暑、大暑、处暑、小寒、大寒等节气反映气温的变化，表示一年中不同时期的寒热程度；雨水、谷雨、白露、寒露、霜降、小雪、大雪反映天气现象，表示降雨、降霜、降雪的时间和强度。

3. 物候现象的反映

小满、芒种反映农作物的成熟和收成情况；惊蛰、清明反映自然物候现象，如惊蛰用春雷乍动惊醒地下越冬的蛰虫，向大地万物通报春回大地的消息。

（二）文化内涵

二十四节气作为我国先民在长期的生产生活中的经验总结，蕴含着悠久的文化内涵和历史积淀，是中华民族宝贵的文化遗产。2016年，"二十四节气"被正式列入联合国教科文组织"人类非物质文化遗产代表作名录"，具有重要的文化价值。

我国流传的《二十四节气民歌》《二十四节气七言诗》《二十四节气对联》《二十四节气农谚》《二十四节气童谣》等都蕴含着中国悠久的历史文化，让人读起来朗朗上口，提起来津津乐道。还有不少与二十四节气相关的节日习俗，如清明、冬至等依然是民间的传统节日，有其丰富的文化内涵。

学海拾贝

二十四节气歌

春雨惊春清谷天，夏满芒夏暑相连。

秋处露秋寒霜降，冬雪雪冬小大寒。

上半年逢六廿一，下半年逢八廿三。

每月两节日期定，最多相差一二天。

（三）深远影响

二十四节气文化影响着人们生活的方方面面，对现代文明仍具有积极意义，至今依然广泛影响着人们的衣食住行。例如，"二十四节气与保健养生"的经验仍然畅行于世，就是根据季节气候的变化，适时调理身体，通过换衣服、调饮食、养精神、练形体等达到养生强身之目的。

二十四节气与每个人的生活息息相关，作为中国历法的独特创造，二十四节气是农耕文化的重要组成部分。青年学生可以通过学习二十四节气知识，培养爱思考、

爱劳动的优秀品质，学习和继承中华优秀传统文化，树立文化自信。

课内外活动建议：

1. **情景演练：** 春节期间给长辈拜年的仪式。
2. **观察体验：** 春节、端午等传统节日期间的民俗活动与人际交往。
3. **用心思考：** 中华民族传统节日的起源、特点和意义。
4. **思辨讨论：** 如何看待二十四节气的作用以及对中国人生活的影响？

第三节 现代节日与社会新风

 **礼仪格言**

节日习俗也要与时俱进。

党的二十大报告提出要"在全社会弘扬劳动精神、奋斗精神、奉献精神、创造精神、勤俭节约精神，培育时代新风新貌"。随着生产力的发展、社会的进步、生活环境的变化，以及社会文化的变化等，社会风尚与节日习俗也在不断发生变化。因此，节日习俗也应与时俱进，促进社会文明的不断进步与社会主义新风尚的形成。

一、中国现代节日

近现代中国，在革命与建设的浪潮冲击下，社会面貌发生了天翻地覆的变化，许多节日也应运而生，现择其要者，做简单介绍。

（一）五四青年节

五四青年节源于1919年5月4日在北京爆发的反帝爱国运动"五四运动"。这既是一场反帝反封建的爱国行动，也是一场追求民主与科学的新文化运动，成为中国新民主主义革命的开端，产生了极为深远的影响。1939年，在纪念五四运动20周年的时候，陕甘宁边区西北青年救国联合会决定将5月4日定为五四青年节。1949年12

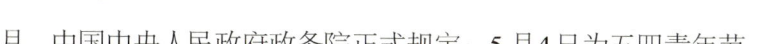

月，中国中央人民政府政务院正式规定：5月4日为五四青年节。

每逢五四青年节，全国各级团组织都会举行丰富多彩的活动，重温历史，感悟五四精神，发扬中国青年的优秀传统，以实际行动为实现中华民族的伟大复兴而奋斗。

 精读感悟

五 四 精 神

五四精神的核心内容为"爱国、进步、民主、科学"。为了民族的独立和解放，为了国家的繁荣和富强，前赴后继，英勇奋斗，积极进取，勤奋工作。

爱国主义是五四精神的源泉，民主与科学是五四精神的核心，勇于探索、敢于创新、解放思想、实行变革是民主与科学提出和实现的途径，理性精神、个性解放、反帝反封建是民主与科学的内容。而所有这些，最终目的都是为了振兴中华民族。

（资料来源：陈振提．中华节日文化诗传，北京：团结出版社，2016．）

（二）中国共产党建党纪念日

1921年7月底至8月初，中国共产党第一次全国代表大会（简称"一大"）在上海和嘉兴举行。大会通过了中国共产党的第一个纲领和决议，并选举产生了党的领导机构中央局，宣告了中国共产党的正式成立。

1938年，中共中央筹备纪念中国共产党成立17周年活动，曾经参加过一大的中共创始人只有毛泽东、董必武两人在延安。他们回忆一大召开时间是7月份，但记不清楚确切的开会日期。因为缺乏档案材料，一时无法查证，所以就把7月1日确定为中国共产党的诞生纪念日。20世纪70年代末，党史工作者根据新发现的史料考证清楚，确定一大的召开日期是1921年7月23日。由于40多年来，"七一"这个光辉的日子已经深深地铭刻在全党和全国人民的心中，成为人们每年都要纪念的一个重要节日，也成为中国节日文化的一部分，所以至今仍按约定俗成的惯例，将中国共产党建党纪念日定为每年7月1日。

每年七一，各级党组织都要举行形式多样的建党周年纪念活动。诸如开纪念大会，评选和表彰先进基层党组织和优秀共产党员，举行新党员宣誓仪式，召开专题组织生活会，开展送温暖活动，走访慰问困难党员活动，以及举行主题党日活动等。

（三）八一建军节

八一建军节是中国人民解放军建军纪念日。1927年8月1日，周恩来等革命家领导南昌起义，打响了武装反抗国民党反动派的第一枪，从此，一支崭新的人民军队出现在中国的历史舞台上。1933年，中华苏维埃共和国临时中央政府根据中央革命军事委员会的建议，决定将8月1日定为中国工农红军成立纪念日。1949年6月15日，中国人民革命军事委员会发布命令，以"八一"两字作为中国人民解放军军旗和军徽的主要标志。中华人民共和国成立后，将此纪念日改称为八一建军节。

中国人民解放军不愧为人民的军队。从南征北战打江山到保家卫国守边防，从练兵备战到防疫救灾，从国际维和到远洋护航……哪里需要就到哪里去，受到了人民的衷心爱戴和拥护。八一建军节不仅是属于军人的特殊日子，还是全中国人民的盛大节日。各地都会开展拥军优属、拥政爱民活动，表达人民爱护子弟兵，人民军队爱人民的特殊情感。

（四）中国烈士纪念日

2014年8月31日，十二届全国人大常委会第十次会议通过的《关于设立烈士纪念日的决定》，将9月30日设立为中国烈士纪念日。每年国庆前一天，国家都在首都北京天安门广场人民英雄纪念碑前举行纪念仪式，缅怀英雄烈士。党和国家领导人莅临天安门广场，出席中国烈士纪念日活动，举行向人民英雄敬献花篮仪式。各地人民政府、军队有关部门也相应举行纪念烈士的活动，在全社会树立崇尚英雄、缅怀先烈的良好风尚。

 精读感悟

人民英雄纪念碑碑文

1949年9月，中国人民政治协商会议第一届全体会议决定在首都北京建立人民英雄纪念碑，以永久纪念在革命中牺牲的人民英雄。1949年9月30日，毛泽东主席出席了奠基仪式，并朗读他亲撰的碑文：

"三年以来，在人民解放战争和人民革命中牺牲的人民英雄们永垂不朽！

三十年以来，在人民解放战争和人民革命中牺牲的人民英雄们永垂不朽！

由此上溯到一千八百四十年，从那时起，为了反对内外敌人，争取民族独立和人民自由幸福，在历次斗争中牺牲的人民英雄们永垂不朽！"

上述碑文由周恩来总理手书，镌刻在纪念碑背面碑心上，而正面碑心则镌刻着毛泽东主席亲题的"人民英雄永垂不朽"八个镏金大字。

（五）国庆节

"国庆"一词，本指国家喜庆之事，最早见于西晋。今天称国家建立的纪念日为国庆节。

开 国 大 典

　　1949年10月1日，中华人民共和国在北京举行盛大的开国大典。毛泽东主席在天安门城楼上庄严宣布："中华人民共和国中央人民政府今天成立了！"在《义勇军进行曲》的乐曲声中，毛主席亲自按动电钮，升起了第一面五星红旗，54门礼炮齐鸣28响。毛主席宣读了《中华人民共和国中央人民政府公告》，向全世界宣告中华人民共和国成立。接着，举行了盛大的阅兵式。朱德总司令检阅了陆海空三军，并宣读了《中国人民解放军总部命令》。

　　1949年12月2日，中央人民政府委员会第四次会议接受全国政协的建议，通过了《关于中华人民共和国国庆日的决议》，决定每年10月1日为中华人民共和国宣告成立的伟大日子，为中华人民共和国国庆日。

　　此后，每年国庆节，全国都会举行盛大的庆典活动。其中最令人瞩目、最振奋人心的是国庆阅兵活动。1949—1959年，我国共举行了11次国庆阅兵活动。1960年9月，中共中央、国务院实行"厉行节约、勤俭建国"的方针，改革国庆典礼制度。因此，1960—1983年，每年国庆节均在天安门前举行盛大集会和群众游行或联欢活动，但未举行阅兵活动。1984年，中共中央决定恢复阅兵式，并于1984年国庆35周年时举行大型的国庆阅兵式。此后，1999年、2009年、2019年国庆节都举行了盛大的阅兵式，彰显时代特色，振奋全国军心民心。

　　国庆这种特殊的纪念活动已成为、全民性的节日形式，国庆节举办的大规模庆典活动，也是政府动员力与号召力的体现，发挥了彰显国力、增强国民信心，体现民族凝聚力与影响力的巨大作用。

二、国际节日

　　辛亥革命以后，尤其是新文化运动以来，西风东渐，许多世界性的节日也融入中华节日文化之中，丰富了人们的精神世界与文化生活。

（一）元旦

元旦本指新年的第一天。中国历史上的"元旦"原本指的是"正月初一"，汉武帝规定春一月为正月，把正月初一称为元旦，一直沿用到清朝末年。辛亥革命推翻清王朝后，孙中山兼顾中国历史传统与世界潮流，为区别农历和公历两个新年，又鉴于农历正月初一恰在二十四节气中的"立春"前后，便把农历正月初一改称为"春节"，公历 1 月 1 日定为新年的开始——"元旦"。

1949 年 9 月 27 日，中国人民政治协商会议第一届全体会议决定，中华人民共和国纪年采用公元纪年。确认世界通用的公历新年第一天（元旦）为我国的法定节日；同时保留农历正月初一（春节）为法定节日的传统习俗。

（二）国际妇女节

国际妇女节又称"三八妇女节"，是在每年的 3 月 8 日为庆祝妇女在经济、政治和社会等领域作出的重要贡献和取得的巨大成就而设立的节日。1977 年，联合国大会正式决定把 3 月 8 日作为"联合国妇女权益日和国际和平日"。

1921 年 9 月，为争取妇女在政治经济事务等方面的权利，在莫斯科举行的第二国际共产主义妇女代表会议通过决议，将 3 月 8 日定为国际妇女节。

1924 年 3 月 8 日，中国第一个公开庆祝的国际妇女节活动在广州举行。1949 年 12 月，中国中央人民政府政务院规定每年的 3 月 8 日为国际妇女节。

每逢国际妇女节来临时，我国都会举行"三八红旗手"表彰仪式，各级党政机关、企事业单位也会举行各种庆祝活动，让"能顶半边天"的女同胞感受节日的光荣与幸福。

（三）国际劳动节

国际劳动节又称"五一国际劳动节"起源于 19 世纪 80 年代。当时，欧美许多资本家不断采取增加劳动时间和劳动强度的办法来榨取剩余价值，残酷剥削工人。在美国，工人们每天要劳动 14~16 个小时，有的甚至长达 18 个小时，但工资却很低。工人生存条件恶劣，身体健康恶化。工人们忍无可忍，被迫奋起抗争。1886 年 5 月 1 日，美国爆发了以芝加哥为中心，约 35 万人参加的工人大罢工和示威游行，要求改善劳动条件，实行 8 小时工作制。因受到美国政府当局的暴力镇压，最终酿成共有 4 位工人、7 位警察死亡的流血事件。这次流血事件以及随后的宣判，又引发了在世界范围内的工人抗议活动，这些活动成为国际劳动节设立的前奏。

1889年7月，恩格斯组织召开的第二国际成立大会宣布将每年的五月一日定为国际劳动节，得到世界各国工人的积极响应。于是，五一国际劳动节就成为全世界劳动人民共同拥有的节日。

1949年12月，中国中央人民政府政务院做出决定，将5月1日确定为劳动节。每年劳动节，人们都会换上节日的盛装，兴高采烈地聚集在公园、剧院、广场，参加各种庆祝集会或文体娱乐活动，各级政府也会对有突出贡献的劳动模范和先进工作者进行表彰。

（四）国际儿童节

国际儿童节又称六一儿童节，是少年儿童欢乐的节日。但其来历则是源于第二次世界大战期间的一个悲惨事件。1942年6月，德国法西斯枪杀了捷克利迪策村16岁以上的男性公民140余人和全部婴儿，并把妇女和90名儿童押往集中营。村里的房舍、建筑物均被烧毁。为了悼念利迪策村和全世界所有在法西斯侵略战争中死难的儿童，1949年11月，国际民主妇女联合会在莫斯科举行理事会议，为保障世界各国儿童的生存权、保健权和受教育权，会议决定将每年的6月1日设立为国际儿童节。

1949年12月，中国中央人民政府正式规定每年6月1日为国际儿童节。在这一天，幼儿园与小学一般都会在政府部门的支持和家长的配合下开展表彰、联欢、才艺表演等活动，让少年儿童享受节日的美好时光，留下温馨的回忆。

三、社会主义新风尚

（一）社会主义核心价值观

党的十八大报告提出："倡导富强、民主、文明、和谐，倡导自由、平等、公正、法治，倡导爱国、敬业、诚信、友善，积极培育和践行社会主义核心价值观。"分别从国家层面、社会层面和个人层面提出了价值目标、价值取向与价值准则，明确了我们要建设什么样的国家、建设什么样的社会、培育什么样的公民的重大现实问题。党的二十大报告进一步强调："以社会主义核心价值观为引领，发展社会主义先进文化，弘扬革命文化，传承中华优秀传统文化，满足人民日益增长的精神文化需求，巩固全党全国各族人民团结奋斗的共同思想基础，不断提升国家文化软实力和中华文化影响力。"

社会主义核心价值观体现了古圣先贤的思想，体现了仁人志士的夙愿，体现了革命先烈的理想，也寄托着全国各族人民对美好生活的向往。因此，我们要把社会主义核心价值观的要求融入各种精神文明创建活动之中，吸引群众广泛参与，推动人们在为家庭谋幸福、为他人送温暖、为社会做贡献的过程中提高精神境界，培育文明风尚。

 精读感悟

习近平谈社会主义核心价值观

人类社会发展的历史表明，对一个民族、一个国家来说，最持久、最深层的力量是全社会共同认可的核心价值观。核心价值观，承载着一个民族、一个国家的精神追求，体现着一个社会评判是非曲直的价值标准。

核心价值观，其实就是一种德，既是个人的德，也是一种大德，就是国家的德、社会的德。国无德不兴，人无德不立。如果一个民族、一个国家没有共同的核心价值观，莫衷一是，行无依归，那这个民族、这个国家就无法前进。

（资料来源：习近平在北京大学师生座谈会上的讲话，2014年5月4日。）

（二）学雷锋活动与志愿服务树新风

雷锋，中国人民解放军战士，共产主义战士，全心全意为人民服务的楷模。1962年8月15日在部队因公殉职，年仅22岁。1963年3月，毛泽东主席亲自题词"向雷锋同志学习"（如图3-11所示）。周恩来总理也为雷锋同志题词"向雷锋同志学习：憎爱分明的阶级立场，言行一致的革命精神，公而忘私的共产主义风格，奋不顾身的无产阶级斗志"（如图3-12所示）。在老一辈革命家的积极倡导下，学雷锋活动在全国范围内迅速兴起。助人为乐观念深入人心，学雷锋做好事蔚然成风，并历久弥新，先后涌现出成千上万雷锋式的先进人物，形成了一种良好的社会新风气。正如习近平总书记所言："雷锋精神，人人可学；奉献爱心，处处可为。积小善为大善，善莫大焉。当有人需要帮助时，大家搭把手、出份力，社会将变得更加美好。"

1978年，以"奉献、友爱、互助、进步"为宗旨的志愿者活动，随着改革开放之风在神州大地兴起。1993年，也正是开展学雷锋活动30年后，共青团中央开始组织开展中国青年志愿者行动。1994年12月5日，共青团中央成立了中国青年志愿者协会。随后，各级青年志愿者协会也逐步建立起来，极大地推动了志愿者活动迅速在全国有序进行和蓬勃发展。近年来，志愿服务的领域不断扩大，在城市社区建设、

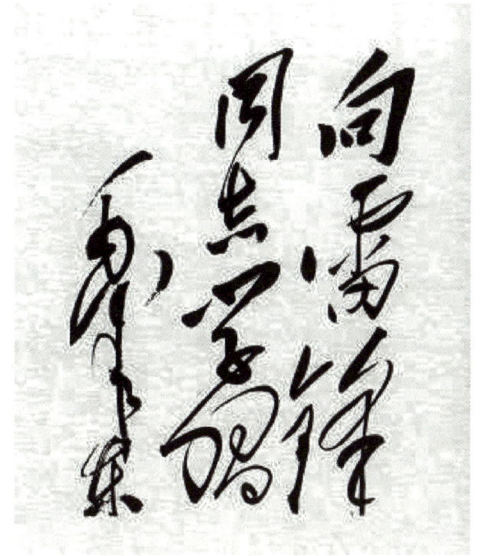

图3-11　毛泽东题词

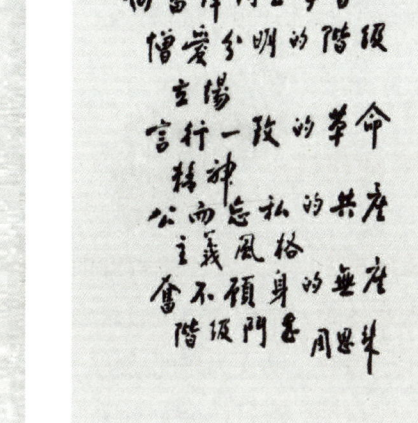

图3-12　周恩来题词

农村扶贫开发、环境保护、抢险救灾、扶危济困、医疗卫生、社会公益、交通秩序维护、旅游文明劝导方面，以及运动会、博览会、庆典等大型活动中，都有志愿者在行动，形成了一种良好的社会新风尚。

 精读感悟

志愿者誓词

　　我愿意成为一名光荣的志愿者。我承诺：尽己所能，不计报酬，帮助他人，服务社会。践行志愿精神，传播先进文化，为建设团结互助、平等友爱、共同前进的美好社会贡献力量。

　　志愿服务是加强社会主义精神文明建设、践行社会主义核心价值观的重要内容。2019年1月17日，习近平总书记在天津市考察时指出："志愿服务是社会文明进步的重要标志，是广大志愿者奉献爱心的重要渠道。各级党委和政府要为志愿服务搭建更多平台，更好发挥志愿服务在社会治理中的积极作用。"党的二十大报告也指出要"完善志愿服务制度和工作体系"。

　　中华民族具有关心他人、乐于奉献的优良传统。诸如"己欲立则立人，己欲达则达人""人不独亲其亲，不独子其子，使老有所终，壮有所用，幼有所长，矜、寡、孤、独、废疾者皆有所养"等古训，与"奉献、友爱、互助、进步"的现代志愿服务宗旨显然具有异曲同工之妙。而学雷锋活动与志愿服务也正是在继承弘扬中华优

秀传统文化基础上产生的社会主义文明新风尚，在推进社会主义精神文明建设、维护社会和谐稳定方面发挥了重要作用。广大青年学生应积极弘扬志愿服务精神，用实际行动诠释雷锋精神的时代意义。

课内外活动建议：

1. **情景演练**：宣读《志愿者誓词》并谈谈宣誓感想。
2. **观察体验**：学校周边或者家乡出现的社会主义文明新风。
3. **用心思考**：助人为乐的感悟。
4. **思辨讨论**：践行社会主义核心价值观的意义。

本章测试

第三章：
交互式测验
及参考答案

第四章
涉外礼仪

[学习目标]

★ **素养目标：**

⊙ 培养全球化文化视野，成为在涉外交往场合有自信、受欢迎的合格人才。

⊙ 了解和尊重世界文化的多元性和差异性，提高文化素养。

⊙ 做到衣着美、举止美、言辞美，提高审美素养。

★ **知识目标：**

⊙ 掌握涉外礼仪的原则和基本要求。

⊙ 掌握礼宾次序的基本要求；掌握正确的涉外称呼；掌握接待和宴请外宾的礼仪。

⊙ 了解多元化的世界礼仪文化；掌握世界主要国家的礼仪风俗。

★ **能力目标：**

⊙ 能够在各种涉外场合下均表现出恰当的言行举止。

⊙ 能够书写基本符合涉外礼仪要求的信函。

⊙ 能够正确地使用西餐餐具并在西餐厅举止得体。

⊙ 在出访或境外旅游时，能够做到入乡随俗。

思维导图

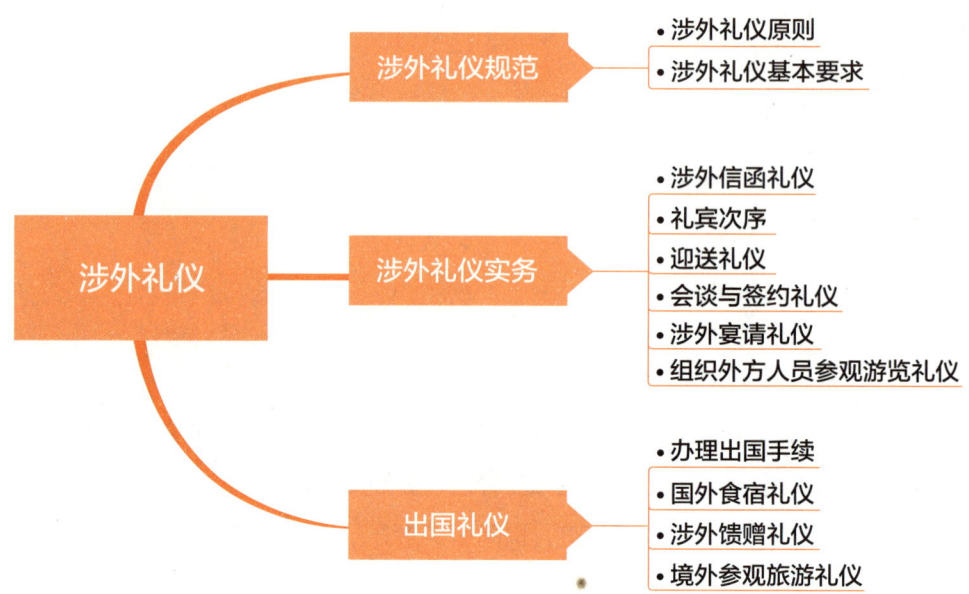

随着现代交通和通信手段的发展，国家之间的交往越来越频繁。尤其是随着经济全球化进程的加快，中国在国际社会中扮演着越来越重要的角色，国人与外宾交往的机会也越来越多。作为一名当代中国人，不仅要了解本国优秀的礼仪文化，还需要了解国际通行的礼仪规范。在对外交往过程中，以礼仪为桥梁，不仅有助于增进友谊，促进合作，还有助于维护自身形象和国家尊严，体现我国"礼仪之邦"的风采。

第一节　涉外礼仪规范

礼仪格言

十里不同风，百里不同俗。

涉外礼仪是指在对外交往或涉外工作中，用以维护自身形象、企业形象和本国形象，并向外宾表示尊重、友好、礼貌的各种礼节、仪式及其惯用形式。它是在长期的国际交往中逐步形成的，是国际通用的礼仪规范。

一、涉外礼仪原则

涉外礼仪的原则，是根据礼仪通则与涉外交往活动实践，从整体性、普遍性角度加以概括形成的，对涉外交际具有普遍指导意义的一些原则。常言道"小是小非讲风格，大是大非讲原则"。凡从事对外交往或涉外工作的人员，必须在实际操作中认真贯彻以下原则。

（一）不卑不亢，注重国格

我国是一个文明古国，素有"礼仪之邦"的美誉，热情好客是中华民族的优良传统之一。作为涉外人员，在对外交往中，应时刻不忘祖国的利益高于一切，热爱祖国和人民，在尊重他国利益和尊严的基础上，遵照规范、得体的方式塑造自己的个人形象，维护自己国家、民族和组织的形象。因此，在涉外活动中，每名相关人员不仅要特别注重国格、人格，维护国家利益、民族尊严以及自己所在单位或企业的权益，而且要注意热情有度，内外有别，保守国家和企业商业秘密。

中国人待人接物一般讲究含蓄和委婉，相反，西方人则相对较外向。因此，在涉外交往中，我们不仅要热情友好，还要把握好热情友好的分寸，使对方感到亲切、自然，否则事与愿违，过犹不及。热情"过头"会给人一种卑躬屈膝、低三下四的感觉，而不够热情又可能给人留下自大狂傲、放肆嚣张的印象。对外交往虽不能自吹自擂、自我标榜，却也不必妄自菲薄、自我贬低。过度地谦虚客套，容易让人怀疑你的真实能力。尊重别人的前提就是要学会自尊，要敢于和善于对自己进行正确的评价和肯定，在言行举止方面做到不卑不亢、从容得体。

（二）平等相待，礼尚往来

在涉外交往过程中，我们应该特别注意对任何交往对象都要一视同仁，给予平等的尊重与友好，因为不论贫富，人们在人格和国格上都是平等的。对大人物和普通人厚此薄彼的做法是非常庸俗和失礼的。除此之外，还应做到不以貌取人，不根据对方的外貌与衣着来决定自己的态度。

人与人之间只有共同努力、平等相待才能相互理解，消除误会，从而建立起稳定和良好的关系，达到双赢的效果。如果只有单方面的热情，而另一方反应冷淡，唯我独尊，不予理睬，甚至冷嘲热讽，是非常失礼的表现，严重的还有可能致使双方断交或产生敌对情绪。所以孔子曰："来而不往非礼也，往而不来亦非礼也，礼尚往来。"

在对外交往过程中，作为主人，理应热情好客，待客要彬彬有礼，讲究规格。当发现接待方式使客人不适应时，可适当地采用对方习惯的礼节，让客人感觉舒服自在，有宾至如归的感觉。而当我们作为客人去参加涉外活动时，就不能一味地我行我素，给主人增添麻烦，或让主人无所适从。相反，应跟从主人的礼节礼仪行事，做到"入乡随俗"。

由于世界各国的社会制度、文化背景各不相同，礼仪习俗存在一定程度的差异。在对外交往时，应理解对方、尊重对方。特别对于那些并无恶意但观点、立场、态度与自己不同的人，要做到和平共处、求同存异，做到"不伤主人之雅，不损客人之尊"，要有宽广的胸怀和外交家的风度。既要遵守国际通行的礼仪惯例，也要尊重交往对象所在国的特殊礼仪与习俗。

（三）表态慎重，信守约定

古今中外人士都一致推崇做人应该"言必信，行必果"。特别是在对外交往过程中，言行一定要谨慎，表态要慎重，一旦做出决策，不轻易改变。一般来说，商业约会超过5分钟未到就是对方等待的极限。如果预计超过5分钟就得事先设法通知对方，而且通知得越早越好，否则会被认为极度失礼。在社交场合有两种人是最不受欢迎的，第一种就是那些答应要参加但未到达并且也不事先打招呼的人。第二种就是那些不守时的人，尤其是常常迟到的人，他们不尊重别人的时间，没有礼貌，所以也不受欢迎。

二、涉外礼仪基本要求

当今世界，尽管各国社会形态各不相同，经济发展水平各不相等，各民族人口有多寡之别，国家有大小之分，但是有一点是共同的，即都很注重礼貌礼节。一个文明程度越高的国家，其国民就越讲礼貌懂礼节，其国际形象就越佳。

（一）注重形象，仪表得体

在国际交往中，人们普遍对交往对象的个人形象倍加关注，这不仅因为个人形象真实地体现着个人的教养和品位、精神风貌和生活态度，还因为个人的形象总是与国家形象、民族形象、企业形象密切相关，通过个人形象可以如实地体现出对交往对象的重视程度。在对外交往中，一般的外国人对中国的了解和看法，主要来自他有机会接触到的中国人。因此，在对外交往中，要是不注意维护自身形象，从某种程度上，就有可能会损害中国的国际形象和整个中华民族的形象。

在日常生活中，服装是"人的第二肌肤"。每个人穿着的服装不仅会给人以深刻的印象，而且被视为其身份、地位、修养与品位的客观体现。在涉外交往中，这一点表现得尤其突出。

在与外国人打交道时，对涉外人员衣着的基本礼仪要求是：得体而应景。涉外人员应当懂得依照自己所处的具体场合，选择与其相适应的服装。

在公务场合，涉外人员的着装应当既端庄大方、又严守传统，重点突出"庄重保守"的风格，不可太强调个性。具体而言，男士最好是选择身着藏蓝色、灰色的西装套装或中山装套装，内穿白色衬衫，脚穿黑色袜子和黑色皮鞋。穿西装套装时，务必要打领带。女士的最佳衣着则是身穿单一色彩的西服套裙，内穿白色衬衫，脚穿肉色长筒丝袜和黑色高跟皮鞋。有时，穿着单一色彩的连衣裙亦可，但是尽量不要选择以长裤为下装的套装。在公务场合，不得身穿夹克衫、牛仔装、运动装、健美裤、背心、短裤、旅游鞋和凉鞋等休闲装。尤其应避免穿着过于时髦、过于随便、过于暴露、过于透明、过于短小、过于紧身的服装。

在观看演出、出席宴会、参加舞会、登门拜访、参与聚会等社交场合，涉外人员最为常见的着装主要有时装、礼服和具有本民族特色的服装等。在西方国家，在正式的社交场合，男士一般身着黑色的燕尾服，女士则身着袒胸、露背、拖地的单色连衣裙式服装。

目前在我国需要穿着礼服的场合，男士一般穿着深色的中山装套装或西装套装，女士则穿着单色的旗袍或下摆长于膝部的连衣裙。其中，尤其以深色中山装套装与单色旗袍最具有中国特色，并且应用最为广泛。

在社交场合，最好不要穿制服或便装。若非职业军人或公、检、法人员，则切勿身穿军服或公、检、法专用的制服，前去参加涉外社交活动。

在居家休息、健身运动、游览观光、街市漫步、商场购物等休闲场合，涉外人员的着装应当穿出"舒适自然"的风格，并且男女之间在这种场合的穿着没有明显的分界。牛仔装、运动装、夹克衫、T恤衫、短袖衬衫、短裤等是休闲场合着装首选。

（二）以礼待人，称呼得当

称呼，指的是人们交谈时用以表示彼此关系的名称。有时它亦被称为称谓。在对外交往过程中，人们碰到的头一个问题就是怎样称呼对方才合乎礼仪。无论是面对面、写信、打电话、发传真，首先都要表明彼此之间的关系，称呼是否得当，既直接影响交往效果，又反映出一个人的文明程度和道德修养水平。在对外交往中，应该严格遵循国际上通行的称呼习惯，不能有丝毫大意。在国外，男子通称"先生"，未婚女子称为"小姐"，已婚女子称为"夫人"，在外交场合，女子都可以被通称为"女士"。对军人可以军衔相称，对教授、博士、医生、律师等有学问的人可以职称或学位相称。总之，涉外称呼一定要符合礼仪要求，否则，容易伤害对方的感情，或者被对方认为缺乏教养。

与外国人交往应酬时，尤其是在比较正式的场合，应当选用的称呼主要有如下几种：

1. 尊称

尊称几乎适用于任何场合，主要包括"先生""小姐""夫人""女士"。应当强调的是，在称呼一位妇女时，最好根据其婚否，分别以"小姐"或"夫人"相称。若一时难以判断，则可以称之为"女士"。在有的国家，"阁下"这一泛尊称也可以使用。

许多时候，尊称可与姓名、姓氏或行业性称呼分别组合在一起使用。例如，"比尔·福特先生""玛格丽特·威尔逊夫人""史密斯小姐""议员先生""秘书小姐"等。它们一般用于较为正式的场合，或是初次交往应酬之时。

2. 荣誉性称呼

在人际交往中，若交往对象拥有在社会上备受重视的学位、学术性头衔、专业技术性头衔、军衔、爵位，例如，"博士""教授""医生""律师""法官""工程师""将军""公爵"等，均可用作称呼。

有时，这类荣誉性称呼还可以与姓氏、姓名分别组合在一起使用。例如，"乔治·马歇尔教授""黑格将军"等。

3. 公务性称呼

在公务活动中，一般可以直接以对方的职务相称。例如，可称其为"部长""经理""总裁""科长""主任"等。不过，有的国家并不习惯采用此类称呼。

4. 一般性称呼

它适用于普通场合，即直接称呼他人的姓氏或姓名。例如，"塞缪尔·亨廷顿""亨利·米勒"等。

知书识礼

涉外交往中切勿使用的称呼

在涉外交往中自称或称呼他人时，有两类称呼切勿使用。一是不要使用容易产生误会的称呼，二是不要使用具有侮辱歧视性质的称呼。另外，若与交往对象仅为一面之交，一般不宜直呼其名。

（三）知书识礼，遵纪守法

1. 尊重女士，礼让有节

尊重女士是国际社会公认的一条重要的礼仪原则，也是衡量男士是否具有文明教养与礼仪风度的重要标准。在西方社会，日常生活中讲究"女士优先"，是男士高雅风度的表现。

尊重女士的具体表现是：一位男士，在日常生活的任何时候、任何情况下，在行动上要从各个方面尊重女士、照顾女士、保护女士、体谅女士、关心女士，并尽心竭力地去为女士排忧解难。例如，在社交场合做介绍时，先把男士介绍给女士；参加社交聚会时，宾客见到站在一起的男女主人时，也总是应先与女主人打招呼；而女士进入聚会场所时，先到的男士应站起来迎接；当介绍来宾时，应先把男士介绍给女士；当男女双方握手时，一般应等女士伸出手之后，男士方可与之相握；在上下车、上下楼梯、进出电梯时，应让女士先行，并主动予以照顾；在旅途中，遇到携带行李的女士，男士应帮助提携并放好行李；如果男女并排行走，男士应当自觉请女士走在人行道的内侧，自己走在外侧；在同时需要称呼多人时，合乎礼仪的称呼方法是"女士们，先生们"，而不允许颠倒这一顺序；男士不得当着女士的面讲粗话、脏话或开低级下流的玩笑，言辞必须文明高雅，表达分寸得当等。在西方国家中，人们都认为尊重女士是一个文明人所应有的教养。

2. 入乡随俗，谨言慎行

对外交往中，人们总认为语言不通是交往时的唯一障碍，其实在某些时候，对交往对象所在国的风尚习俗不了解才是最大的障碍。当你欲往国外访问、经商、探亲或旅游观光时；当你要在国内接待外宾、与外宾洽谈生意或共同工作时，事先了解对方的习俗礼仪显得尤为重要，正所谓"知己知彼，百战不殆"。你若预先了解了对方的习惯禁忌，就可以尽量避免犯忌，从而成为一个彬彬有礼、受人欢迎的客人，或是一个知书识礼、体贴周到的主人。

当前，国际礼仪强调以人为本，要求尊重个人隐私，维护人格尊严，并将是否尊重个人隐私视为一个人在待人接物方面有无教养，能否尊重和体谅交往对象的重要标志。对于西方人来讲，凡涉及经历、收入、年龄、婚恋、健康状况、政治见解等均属于个人隐私，别人不应查问。西方人特别是女士，一般不把自己的年龄告诉别人。如果询问年龄，冒失问异性婚否，会让人觉得讨厌，也是失礼的行为。另外，西方人不喜欢随便给人留自己的家庭住址，也不随便请人到家里做客，不愿透露个人的收入情况。

注意交谈话题

问别人"你住哪里""你一个月挣多少钱""你的衣服多少钱买的""你以前都做过什么"等问题可能会被人视为不礼貌。因此,自觉地、有意识地回避对方个人的隐私至关重要。同陌生人开始交谈时,可选择诸如天气、体育、音乐和环保等安全而适宜的话题。

3. 注意环保,讲究卫生

环境,通常是指人类生存的外部条件,是人类社会赖以生存和发展的基础,与人类的生活质量息息相关。爱惜和保护环境,从本质上讲,就是对整个人类的爱惜和保护。注重环保作为涉外礼仪的主要原则之一,是国际舞台上备受关注的焦点话题,在日常生活里,能否以实际行动"爱护环境",已被视为一个人有没有教养、讲不讲社会公德的重要标志之一。因此,在国际交往中,人们应注重在出行、活动、住宿、饮食等日常行为的方方面面体现环境保护意识。例如,在涉外宴请中注重适度原则,根据个人用餐的量进行食用,杜绝铺张浪费。

讲究卫生不仅是保护环境、恪守社会公德的应有之义,更是维护自己与他人身体健康,预防疾病的需要。因此,讲究卫生,人人有责。我们不仅有责任、有义务维护环境卫生,更要养成保持个人清洁卫生的良好习惯。尤其在涉外场合,更要时刻保持健康文明的良好形象。比如,出国住宿时,要维护好房间的清洁及用品用具;出行时,注意将废品及时投放进垃圾箱中,并要在力所能及的基础上,做好垃圾的分类处理;在排队等场合保持1米以上的距离;在防疫特殊时期,在公共场所要遵守规矩佩戴口罩;就餐时要厉行"分餐分食,公筷公勺"。

爱护环境

爱护环境的主要含义是指在日常生活里,每个人都有义务对人类赖以生存的环境自觉地加以爱惜和保护。从严格意义上讲,爱护环境属于社会公德的范畴,因此不会因国别不同而有所区别。爱护环境的主要内容有:

1. 不可损毁自然环境;

2. 不可虐待动物;

3. 不可损坏公物;

4. 不可乱堆乱放私人物品；

5. 不可乱扔乱丢废弃物品；

6. 不可随地吐痰；

7. 不可到处随意吸烟；

8. 不可任意制造噪声；

9. 不可浪费食物；

10. 保持低碳环保的生活习惯。

课内外活动建议：

1. **情景演练：** 模拟与外宾聊天的情景，评议其中有没有不礼貌之处。

2. **观察体验：** 尊重妇女的具体做法有哪些？

3. **用心思考：** 涉外礼仪规范包括哪几个部分？

4. **实践训练：** 建议同学们课后查阅相关资料，再分组扮演来自不同国家的人，并向大家介绍自己所代表的国家的风俗习惯。

5. **思辨讨论：** 谈谈环保意识与品德教养的关系。

第二节　涉外礼仪实务

 礼仪格言

有礼走遍天下，无礼寸步难行。

一、涉外信函礼仪

当今社会，由于社会化大生产和商品经济的不断发展，形成了一种以市场为核心的全新的社会经济关系，使得人们的社会交往活动突破了国家和民族的界限，人们之间的交往在更为广阔的领域内迅速发展起来。

（一）信函类型

"信函"又称为"函件"或"书信"。它是一种向特定对象传递信息、交流感情的应用文书。在众多传递信息、交流思想感情的形式和手段中，书信的使用最为广泛。信函包括以下几种类型。

1. 请柬

请柬是为了邀请客人而发出的一种礼貌的通知。它既表明邀请者对此事的慎重态度，又起着对客人的提醒、备忘之用。请柬一般用硬质的卡片纸制作，通常为一张，也可分为封面、内文两部分。正式的请柬是特别印制的卡片，附有回执，还带有一个信封。

2. 回信

一般来说，收到别人的信件以后，应该尽快给予回复，亦即回信。如果你收到的是请柬，也必须在收到的一星期内回信。尤其在参加涉外活动时，一定要按请柬上要求的时间、内容回执，否则就是失礼。还有一种情况要特别注意，如果请柬上写了一柬一人，你赴约的时候，千万别带未被邀请的其他朋友，以免打乱主人的安排，让主人感到尴尬。

3. 感谢信

感谢信是人们日常生活中很重要的一类信件。它既可用卡片、信件的形式也可用快捷的电子邮件的形式来表达谢意，长短并不重要，但一定要发。因此，写感谢信是涉外交往活动中赢得外国朋友尊敬、信赖的最简单的方法。请记住，当有外国朋友请你吃饭或送你礼物时，别忘了及时写一封外文感谢信，如图4-1所示。

Dear Tom and Jamie,

Thank you very much for the delicious dinner we had at your lovely home yesterday

 evening.It was a pleasure to see you again and enjoy your excellent cooking.

Thanks again for everything.

Sincerely,

Susan

图4-1　英文感谢信

（二）英文信函的格式

1. 信文的书写格式

信文的书写格式一般包括信端、称谓、正文、结束语、祝颂语、附件和签名等几部分。

（1）信端。英文书信的信端，必须写清寄信人的地址和发信日期，同时写清收信人的姓名和地址。寄信人地址书写顺序为：门牌号、楼号、弄号、街号、城市名、国名。收信人的姓名、地址，应写在信签的左上角，位置比右上方发信人地址低1~2行，也分数行依次写下。

（2）称谓。称谓，是对收信人的尊称语，也是书信的第一句话，写在信签的左边，大约在信头下面的1.25厘米的地方。收信人的称谓必须从信纸左边顶格写，以示尊重，而且每一词的开头的英文字母都要大写。

（3）正文。正文是函的主要部分。如果写信人要说的内容较多，可根据事情主次、情况缓急分段续写。信的正文应该在称谓下面一行开始，信纸的左边要留有一英寸①左右的空白。

（4）结束语。一般表示希望回函，或提出与发函主要内容相关的其他具体要求、希望等。

（5）祝颂语。一般是表示赞美、祝愿或敬意的语句。在正文结束后间隔两行，从信纸中间向右写，用半行写完。

（6）附件。附件是指附属于正文的文字材料。附件并不是每封信函都有，它是根据需要而作为正文的补充的。一般在发函纸的左下方写清楚附件的标题。

（7）签名。置于祝颂语下方，签名表示写信人负责之意。为防止假冒，务必亲自签上不易模仿的字迹。由于签名潦草，不容易认清拼法，因此在签名下面还要打印签名人的姓名和职位，以便对方了解。如果是以公司名义签署，则应先打印大写的公司名称，再由公司负责人签名，打印姓名以及职务名称。

2. 英文信封的写法

这主要是如何写寄信人姓名、地址和收信人姓名、地址以及其他附属说明等。信封上的地址必须和信封内的地址完全一致，否则会引起矛盾。寄信人的姓名、地址一般均写在信封的左上角，地址由小到大，视长短分三至四行不等。如使用背后开口的信封，寄信人姓名、地址也可写在信封背面。

收信人的姓名、地址通常写在信封中心或右下角偏左的位置，地址也是由小到大，长短一般也是三四行不等。信封上的收信人姓名前要加上尊称，如Mr.、Miss、Dr. 等。其他一些附属说明一般写在信封的左下角，有时也写在收信人上方，如By Airmail（航空）、Registered（挂号）、Express（快速邮件）、Printed Matter（印刷品）等，见图4-2。

---

① 英寸非国际标准计量单位。1英寸＝2.54厘米。

图4-2　英文信封的写法

二、礼宾次序

礼宾次序，是指在国际交往中，对出席活动的国家、团体、各国人士的位次，按某些规则和惯例进行排列的先后次序。它不仅体现着东道主给予外宾的礼遇，而且在一些国际性场合还表示各国主权平等的地位。礼宾次序安排不当或不符合国际惯例，往往会引起不必要的争执和麻烦，甚至影响国家关系。因此在组织涉外活动时，必须高度重视礼宾次序。

（一）礼宾次序的要求

在中国古代，通常是以左为尊，所谓"文左武右""男左女右"，正基于此。就座时，在中国，主人也往往把自己左边的位置留给客人以示自己的谦恭。而在国际交往中，一般应遵循"以右为尊"的原则，这是一种约定俗成的国际惯例，无论是悬挂国旗、会见会谈的座次安排、国宴的席位安排，还是坐车、行走，凡涉及位次排列时，都讲究以右为大、为长、为尊。根据国际惯例，将多人进行并排排列时，最基本的规则是右高左低，即以右为上，以左为下；以右为尊，以左为次。例如，在与人并行时，主人应主动居左，请客人居右；男士居左，女士居右；晚辈居左，长辈居右；属下居左，上司居右。涉外交往中，我国领导人遵循国际惯例，在以东道主的身份会晤外宾时，通常让外宾坐在自己的右侧，以表达对国际友人的尊重和友好之意。在召开国际会议、举办国际博览会或从事国际体育比赛时，有需要并排悬挂国旗的，按国际惯例应以国旗自身面向为准，在右方悬挂外方国旗，在左方悬挂东道主国旗。不仅是官方往来，民间往来、涉外商务洽谈、涉外宴请的席位和桌次安排也同此原则。

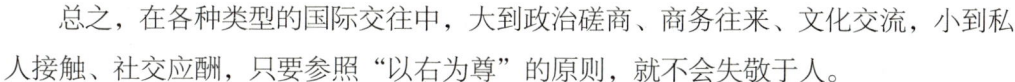

总之，在各种类型的国际交往中，大到政治磋商、商务往来、文化交流，小到私人接触、社交应酬，只要参照"以右为尊"的原则，就不会失敬于人。

（二）礼宾次序的排列方法

按照国际惯例，常见的礼宾次序有以下三种排列方法。

1. 按来宾的身份与职务的高低顺序排列

在国际交往中，一般按来宾的身份与职务的高低顺序安排礼宾次序。这也是礼宾次序排列的主要依据。例如，按董事长、副董事长、总经理、副总经理等顺序排列。在部长级人员中，外交部部长应列首位。各国提供的正式名单或正式通知是确定职务的依据。由于各国的国家体制不同，部门之间的职务高低也不尽一致。在多边活动中，有时按其他方法排列，但无论按何种方法排列，都必须考虑身份与职务高低的问题。

2. 按参加国国名字母顺序排列

在多边活动中，如国际性会议、多边谈判、国际体育比赛等，有时按参加国国名字母顺序排列礼宾次序。一般以英文字母排列居多，少数情况也有按其他语种的字母顺序排列。联合国大会的席位次序也按英文字母排列，但为了避免一些国家总是占据前排席位，每年都要抽签一次，决定本年度大会的席位以哪个字母打头，以便让各国都有机会排在前列。在国际体育比赛中，体育代表团名称的排列，开幕式出场的顺序，一般都按国名字母顺序排列（东道国一般排在最后）。

3. 按通知代表团组成的日期先后排列

在一些国家举行的多边活动中，按通知代表团组成的日期先后排列礼宾次序是经常采用的方法之一。东道国对同等身份的国外代表团，按派遣国通知代表团组成的日期先后顺序，或按代表团抵达活动地点的时间先后排列，或按派遣国决定应邀派遣代表团参加活动的答复时间先后排列。究竟采用何种排列方法，东道国在致各国邀请书中，都应加以明确注明。

总之，在具体安排中，要耐心、细致、反复考虑，设计多种方案，以避免因礼宾次序方面的问题而引起不悦。

三、迎送礼仪

迎送，顾名思义，就是迎来送往或迎接送别，这是一种常见的社交礼仪。在国际交往中，对外国来访的客人，通常视其身份和访问的性质以及两国关系等情况，安排相应的迎接送别活动，称为涉外迎送。

（一）迎送规格

1. 迎送类别

对于应邀前来访问者，无论是官方人士、专业代表团，还是民间团体、知名人士，在他们抵达或离开时，都应安排相应身份的人员前往机场、车站或码头迎送。对长期在本国工作的外国人士和外交使节、专家等离任时，有关方面也应安排相应身份的人员前往机场、车站或码头迎送。

2. 迎送原则

一般按照国际礼宾惯例的，迎送规格依照对等原则，主要迎送人员应与来宾的身份相当。当然，有时也需适当考虑双方的关系，灵活变通，综合平衡。如果由于各种原因而不可能完全对等时，可由职位相当的人士或副职出面，并向对方做出解释。

（二）迎送事项

1. 迎送前的准备工作

在客人到达之前，主人应该做好各方面的准备工作，如对来客名单的研究，对来客的称呼，接待客人怎样穿着才得体，接送规格、计划活动的安排等。

2. 要掌握抵达及离开时间

迎送人员必须准确掌握外宾乘坐的飞机（火车、船舶）抵达及离开的时间，在来宾抵达之前或离行前到达机场（车站、码头）迎接或送行，不可迟到、早退。在迎候外宾的整个过程中，迎候人员应始终面带微笑，以表示欢迎之意。不要故作矜持，一言不发。在为外宾送行时，送行人员应在外宾临上飞机（火车、船舶）之前，按一定顺序同外宾——握手告别。

3. 献花

献花是常见的迎送外宾时用来表达敬意的礼仪之一。一般在参加迎送的主要领导人与客人握手后，由儿童将花献上，也有的由女主人向女宾献花。献花须用鲜花，并注意保持花束整洁、鲜艳，一般忌用菊花、杜鹃花、石竹花以及黄色花卉（黄色具有"断交"之意）等。

4. 介绍

迎送外宾时，宾主双方要互相介绍、引见。一般由礼宾人员或我方迎候人员中身份最高者，率先将我方迎候人员按一定顺序——介绍给客人，然后再由客人中身份

最高者，将客人按一定顺序一一介绍给主人。若宾主早已相识，则不必介绍，双方直接行见面礼即可。

5. 陪车

外宾抵达后，从机场（车站、码头）到住地，或访问途中，或访问结束后，由住地到机场（车站、码头），主人都应陪车。

陪车的礼节

主人在陪车时，应注意请外宾从右侧门上车，坐于后排座右侧；主人从左侧门上车。要避免从外宾座前穿过。如是二排座，译员应坐在司机旁边；如是三排座，译员则应坐在主人前面的加座上。代表团9人以上乘大轿车时，原则上低位者先上车，下车顺序相反。大轿车以前排为尊位，自右而左按序排列。如果外宾先上车，坐在主人坐的左侧座位上时，则不要再请外宾移动位置。

四、会谈与签约礼仪

会谈以及必要的签约是涉外活动中的核心内容，应予以格外重视。

（一）会谈礼仪

会谈是指双方或多方就某些重大问题，以及其他共同关心的问题交换意见。会谈也可以洽谈公务或就具体业务进行谈判。会谈一般说来内容较为正式，政治性或专业性较强。

会谈如果是双边会谈，一般用长方形桌子；多边会谈用椭圆形桌子；小范围的会谈，也可不用长桌，只放沙发。

会谈时宾主相对而坐，以正门为准，主人坐背对正门一侧，客人面向正门。如会谈的长桌，一端朝向正门，则以入门方向为准，右为客方，左为主方。主谈人居中，我国习惯把译员安排在主谈人右侧，但有的国家亦让译员坐在后面，一般应尊重主人的安排。其他人员按礼宾顺序左右排列。记录员可安排在后面，如参加会谈人数少，也可安排在会谈桌就座。

（二）会见和会谈中的几项具体工作

1. 会见要求方

作为会见要求的一方，应将要求会见人的姓名、职务以及要求会见什么人，以及会见的目的告知对方。接见一方，应及早给予明确答复，约定时间。如因故不能接见，应婉言解释。

2. 接见方

作为接见一方的安排者，应主动将会见、会谈的时间、地点，主方出席人，其他具体安排及有关注意事项通知对方。作为前往会见一方的安排者，应主动询问对方、了解上述情况，并通知有关出席人员。

3. 及早通知会见、会谈的时间、地点和双方参加人员名单

掌握会见、会谈的时间、地点和双方参加人员的名单，及早通知有关人员和有关单位做好必要安排、主人应提前到达。

4. 会见、会谈场所安排

会见、会谈的场所应安排好足够的座位。如双方人数较多，厅室面积大，则需要安装扩音设备。会谈如用长桌，需事先安排好座位图，在现场放置中外文座位卡，卡片上的字迹应工整、清晰。

5. 合影安排

如有合影，应事先安排好合影人员位置图，人数多时还应准备好阶梯架，合影时主人主宾居中，按礼宾次序，主客双方间隔排列。第一排人员既要考虑人员身份，也要考虑场地的大小，看其是否被摄入镜头。一般说来，两端均安排主方人员。

6. 会见、会谈应安排迎送

客人到达时，主人一般在门口迎候，也可以在大楼的正门或会客厅门口迎接。如果主人不到大楼门口迎候，则应由工作人员在大楼门口迎接，引入会客厅，如有合影，宜安排在宾主见面握手之后，合影完再入席。会见结束时，主人应送客至车前或门口握手告别，目送客人离去后再退回室内。

7. 旁人应回避

重要领导人之间的会见或会谈，除陪见人员和必要的译员、记录员外，其他工作人员在工作安排就绪后均应退出。如允许记者采访，也只是在正式谈话开始前几分钟，然后就应全部离开。会见、会谈过程中，旁人不得随意进出。

8. 会见、会谈招待饮料安排

会见、会谈时招待用的饮料，国际上没有统一的惯例。我国一般只备茶水和软性饮料。如会谈时间过长，应准备供应咖啡。

一般官员、民间人士的会见、安排大体与上述相同，也要事先申明来意，约妥会见、会谈的时间、地点，告知来人身份和人数，准时赴约。

知书识礼

礼节性的会见须知

礼节性的会见，一般不宜逗留过久，半小时左右即可告辞，除非主人特意挽留。客人来访，一般应予回访。如果客人为祝贺生日、节日等喜庆日来访，则不必专门回访，一般可在对方节日、生日时前往，表示祝贺。

（三）签约礼仪

国家（或团体、各级组织）之间通过谈判，就某些重大问题及相互关系达成协议，缔结条约、协定或公约时，一般都要举行签约仪式。签约人视文件的性质，由缔约各方确定有关领导人出面签约，但双方签约人的身份通常是对等的。双方业务部门之间，通过会谈达成专业性协议时，也常要举行这类签约仪式。

1. 事前做好文本准备

有关部门需按时做好文本的定稿、翻译、校对、印刷、装订、盖火漆印等项工作，同时准备好签约仪式上所需物品并安排好场地、时间，与对方商定好助签人员和双方洽谈的有关细节。

2. 确定出席人员

出席签约仪式的基本上是双方参加会谈的全体人员。如一方要求让某些未参加会谈的人员出席，另一方应予同意，但双方人数最好大体相等。不少国家为了对签约仪式表示重视，往往由更多更高层的领导人出席签字仪式。

3. 安排签约场所

举行签约仪式，一般在签约厅内举行。签约厅内设置长方桌一张作为签字桌。桌面上覆盖着深色台呢，桌后放两把椅子作为双方签约人员的座位，主左客右。桌上摆的是各自保存的文本，上端分别放置签字文具。

4. 举行签约仪式

签约人员入座后，其他人员分宾主各一方，按身份顺序排列于各自签约人员之后。双方助签人员分别站立在各自签约人员的外侧，协助翻文本，指明签约处。在本国保存的文本上签毕后，由助签人员相互传递文本，再在对方保存的文本上签字，然后由双方签约人交换文本、相互握手致意。此时，服务人员用托盘端上香槟酒，供宾、主双方全体出席签约仪式的人员举杯庆贺。

五、涉外宴请礼仪

（一）涉外宴请的形式

涉外宴请，是指在国际交往中出于某种需要而设宴招待客人的礼仪活动。它是最常见的交际形式之一。各国宴请都有本国和本民族的特点和习惯。在国际上，通行的宴请形式有宴会、招待会、茶会、工作餐四种。

1. 宴会

宴会，是指在正餐时间举行的宴请活动。宴会必须坐下进食，由服务员依次上菜。根据举行时间的不同，宴会又有早宴（共进早餐）、午宴和晚宴之分。一般来讲，晚宴比白天的宴请更为隆重和正式。

（1）正式宴会。正式宴会中，宾主均按身份排位就座。对餐具、酒水、菜肴道数、陈设以及服务员的装束、仪态的要求都很严格。通常菜肴包括冷盘、汤和几道热菜（中餐一般用4~5道，西餐多用2~3道），最后上点心、甜食和水果。国外宴会前还要加上开胃酒，席间佐餐用酒，一般多用红、白葡萄酒，很少用烈性酒，尤其是白酒。餐后在休息室上一小杯烈性酒，通常为白兰地。我国在这方面做法简单，餐前一般在会客室稍做叙谈，通常只上茶和饮料，也可直接入席。席间一般用两种酒，一种甜酒，一种烈酒。餐后不再回会客室，也不必上餐后酒。

（2）便宴。便宴，是指非正式宴会。常见的有午宴和晚宴，也有共进早餐的。这类宴会形式简便，可以不排座次，不做正式讲话，菜肴道数也较少。西方人的午宴有时不上汤，不上烈性酒。便宴亲切、自然，宜用于日常交往。

（3）家宴。家宴，是指在家中设便宴招待客人。西方人喜欢采用这种形式，以示亲切友好。家宴往往由主人亲自下厨烹饪，家人共同招待。

2. 招待会

招待会是不备正餐、较为灵活的宴请方式，备有食物、酒水，通常不排座次，可以自由走动。常见的招待会形式为冷餐会和酒会。

3. 茶会

茶会就是指请客人品茶，是一种简便的招待形式。举行的时间一般在下午4时左右（亦有上午10时的）。茶会通常设在客厅，厅内设茶几、椅子，不排座次。若为某贵宾举行的活动，入座时应有意识地将主宾同主人安排坐到一起，其他人随意就座。茶会对茶叶、茶具的选择比较讲究，应具地方特色，一般用陶瓷器皿和地方名茶。外国人一般用红茶，略备点心和风味小吃。

4. 工作餐

工作餐一般分为工作早餐、工作午餐、工作晚餐，是现代国际交往中常用的一种非正式宴请形式，常因日程紧张而采用这种形式，利用进餐时间，边用餐边谈工作。此类活动只请与工作有关的人员，不请配偶。双边工作进餐往往排席位，并用长桌，以便于谈话。如用长桌，其座位排法与会谈席位安排相似。

（二）涉外宴请的程序

1. 确定宴请目的、对象、范围与形式

宴请的目的可为某人，也可为某事，主人在确定邀请对象时应考虑主、宾身份对等。凡正式、规格高、人数少的以宴会为宜，而人数多的则以冷餐会或酒会更为合适，妇女活动多用茶会。

2. 确定时间、地点

注意宴请的时间不要选择双方的重大节假日和有重大活动的日子。宴请时应选择双方都合适的时间。如果是官方正式隆重的活动，宴请一般安排在政府、议会大厦或宾馆内举行，其余则按活动性质、规模和主人意愿及实际情况而定。

3. 发邀请信和请柬

宴请活动一般应发请柬，这既是礼貌，也是供客人备忘用。便宴约定后，也可不发请柬。工作进餐一般不发请柬。有些必须邀请的高级领导人作为主宾参加活动，需单独发邀请信，其他宾客发请柬。

请柬格式与行文书面，中外文本的差异较大，但请柬内容大致是相同的。请柬内容主要包括活动时间及地点、形式、主人姓名，国际上习惯对夫妇俩人发一张请柬。请柬一般提前一周至两周发出，请柬发出后，应及时落实出席情况，准确记录，以便调整席位。请柬可以印刷也可以手写，手写字迹要美观、清晰。

4. 订菜

宴请的酒菜根据活动形式和规格，在规定的费用标准以内安排，选菜主要考虑主宾的喜好和禁忌。如个别人有特殊需要，也可以单独为其上菜，菜肴道数和分量都要适宜。在地方上，宜用有地方特色的食品和本地产的名酒招待。无论哪一种宴请，事先均应开列菜单，并征求主要负责人的同意。宴会可印制或书写菜单，菜单一般一桌两三份，至少一份。

5. 席位安排

按照"以右为尊"国际惯例，桌次高低以离主桌位置远近而定，右高左低。桌数较多时，要摆桌次卡。同一桌上，座次高低以离主人的座位远近而定，男女穿插安排，以女主人为准，主宾在女主人右上方。两桌以上的宴会，其他各桌第一主人的位置可以与主桌主人位置同向，也可以面对主桌的位置为主位。在具体安排座次时，可以把身份大体相同、使用同一语言者，或属同一专业的，排在一起。翻译一般安排在主人的右侧。在许多国家，翻译不上席，只安排坐在主人和主宾的背后，以便工作。

特殊情况的席位安排

如遇主宾身份高于主人，为表示对他的尊重，也可以把主宾摆在主人的位置上，而主人则坐在主宾位置上，第二主人坐在主宾的左侧。如果本国出席人员有身份高于主人者，可以由身份高者坐主位，主人坐身份高者左侧。主宾有夫人，而主人的夫人又不能出席，通常可请其他身份相当的女士作为第二主人。如无适当身份的女士出席，也可把主宾夫妇安排在主人的左右两侧。座次排妥后着手写座签。如是中方举行宴会，中文写在上面，外文写在下面。

（三）做一个热情体贴的主人

1. 礼宾人员应提前到现场检查落实准备工作

如是正式宴会，事先应将座签及菜单摆好。座签置于酒杯前或平摆于餐具前方，不能放在餐盘内。菜单放在餐具右侧。

2. 当宴会快开始时，主人应在门口迎接客人

主人与客人握手后，由工作人员引进餐前休息室，或者直接进入宴会厅。休息室内有相应身份的人员照料客人。主宾到达后，由主人陪同进入休息室与其他客人见面。然后准时进入宴会厅，全体客人就座，宴会正式开始。

3. 正式宴会一般要致辞

可由主人先致辞，再由客人致辞。一般宴会可在客人入席后即致辞。

4. 外国人的日常宴请在女主人为第一主人时，往往以女主人的行为为准

入席时女主人先坐下，并由女主人招呼客人开始就餐。餐毕，女主人请全体女宾一起退出宴会厅，然后男宾起立，跟随进入休息室。男女宾客在休息室会齐，再上茶（或咖啡）等饮料。主宾告辞，主人应送至门口，然后与其他客人握别。

六、组织外方人员参观游览礼仪

组织外方人员参观游览，是指外国客人在访问或旅游期间对一些风景名胜、单位设施等进行实地浏览、观看和欣赏。为了让来访的外国人对我方有更具体直接的了解，一般情况下接待方会组织一些参观游览活动。

（一）制定项目

选择参观游览项目，应根据访问目的、性质和客人的意愿、兴趣、特点以及我方当地实际条件来确定。一般来说，对于身份高的代表团，事前可了解其要求；对于一般代表团，可在其到达后，提出方案，共同商定。对于外国政府官员、大财团、大企业家，通常安排参观反映我方经济发展情况的部门单位和经济开发区，以及重点招商项目。对于一般的企业家、商人和有关专业人员，可安排其参观与其有关的部门、单位，同时安排一些有地方特色的游览项目。对方提出的要求，在可能情况下尽量给予满足，如果确有困难，可如实告知，并做适当解释。

（二）安排日程

当参观游览项目确定后，应制订详细活动计划和日程，包括参观线路、座谈内容、交通工具等，并及时通知有关接待单位和人员，以便于各方密切配合。在出发之前，要及时检查车况，分析行车路线，预先安排好用餐。路远的还要预先安排好中途休息室，要把出发、集合和用餐的时间和地点及时通知客人及全体工作人员。如果参观地有不能摄影处，应事先说明，现场要竖中英文"禁止摄影"标志牌。

（三）陪同参观

按国际惯例，外宾前往参观时，一般都安排相应身份的精干人员出面接待陪同，切忌前呼后拥。如有身份高的主人陪同，宜提前通知对方。

参观游览的重头戏是解说介绍。如参观单位部门，可先全面介绍其概况，有条件的可播放一段有关情况录像片，这样既可节省时间，又可事先让客人对情况略有所知，再经过实地参观，效果会更好。陪同、解说员和导游应对有关情况有所准备，介绍情况要实事求是，运用材料、数据要确切，不可一问三不知，也不可含糊其词。确实回答不了的，可表示自己不清楚，待咨询有关人员后再答复。遇较大团组，宜用扩音话筒。另外，遇有保密部门或内容，则不能介绍，如客人提出要求，应予婉拒。

课内外活动建议：

1. **情景演练：** 模拟涉外交际场合，对不同身份的外宾打招呼情景。
2. **观察体验：** 留意观察电视上接待外宾的系列场景，再对照教材以加深印象。
3. **用心思考：** 在社交场合与公务场合，涉外人员为什么要特别注重仪表服饰？
4. **思辨讨论：** 接待外宾为什么要热情有度？

第三节 出国礼仪

礼仪格言

仓廪实而知礼节。

当今，人类进入信息社会，"世界变大了，地球变小了"。迈出国门进行公务访问、商务活动、学术交往以及观光旅游的人也越来越多。出国要办一系列手续，并且不同国家、不同民族，因为文化背景的不同，人们的语言、举止、习惯和礼仪都不太一致。每一个出国者只有了解这些礼仪，并在自己境外的生活和工作中体现出来，才能使出国行程顺畅。

一、办理出国手续

办理出国手续，不仅要遵循一般的礼仪规范，还要遵守必要的出境规则及国际惯例。

（一）有效证件

每一位出国者都必须持有各国政府为其公民颁发的出国证件。否则就是非法出境。

1. 护照

护照是一国主管机关发给本国公民出国（境）或在国（境）外居留的证件，出国（境）人员必须持有护照，以备检查，证明其国籍和身份。中华人民共和国护照分为外交护照、公务护照、普通护照和特区护照四种。

2. 签证

签证是一国主管机构对本国和外国公民出入国境或在本国停留、居住的许可证明。出国人员有了护照，还要认真、实事求是地准备必要的申请材料，提交前往国使领馆办理签证。申请前往国签证，一般是向该国驻我国的使领馆申请办理。签证的等级分为外交、公务和普通签证。签证的有效期不等，获得签证者必须在有效期内前往国外出访、旅游。超过有效期，签证不再有效，仍在国外停留就有非法移民之嫌，有可能会被遣送回国。

3. 卫生检疫

无论是出访还是出国旅游，健康的身体是出行顺利的基本条件。因此启程前最好做一次全面的身体检查。如果去往被世界卫生组织指定为疫区的国家，则一定要接受预防针注射，入境人员必须携带注射某种疫苗的证书，否则不准入境。因此，出国人员出发前应到指定医院注射疫苗，领取预防接种证书。

（二）海关手续

接受海关边防检查是每一个出入境者的义务，也是对国家主权和他人安全权利的尊重。海关边检在我国是由公安部主管，在许多国家是由移民局或外侨警察局负责。出入境人员都应在接受边防检查前自行填写出入境登记卡。登记卡的内容包括班机号，来自何处，姓名以及出生日期和地点、职业、国籍、护照号码等，过境时将登记卡连同本人的护照证件、签证等一起交由边检站检验无误后方可通行。如遇人身检查和行李物品检查，过境人员要充分理解、积极配合。出入境时还要如实填写《旅客行李申报单》，如申报不实或隐匿不报，海关将依法处理。

 学海拾贝

我国禁止进出境的物品

根据海关总署规定，我国禁止进境的物品有：各种武器、仿真武器、弹药及爆炸物品；伪造的货币及伪造的有价证券；对我国政治、经济、文化、道德有害的印刷品、胶卷、照片、唱片、影片、录音带、录像带、激光视盘、计算机存储介质及其他物品；各种烈性毒药；鸦片、吗啡、海洛因、大麻以及其他能使人成瘾的麻醉品、精神药物；带有危险性病菌、害虫及其他有害生物的动物、植物及其产品；有碍人畜健康的、来自疫区的以及其他能传播疾病的食品、药品或其他物品。

我国禁止出境的物品有：列入禁止进境范围的所有物品；内容涉及国

家秘密的手稿、印刷品、胶卷、照片、唱片、影片、录音带、录像带、激光视盘、计算机存储介质及其他物品；珍贵文物及其他禁止出境的文物；濒危的和珍贵的动物、植物（均含标本）及其种子和繁殖材料。另外，海关还对一些物品规定了限制进出境的数量。

二、国外食宿礼仪

一般来说，出访或出国旅游都有相关组织或旅行社统一安排食宿和旅行事项，但有一些常识需要出访人和出国旅游者了解。

（一）基本生活常识

1. 住宿

散客到国外旅游，最好事先预订好房间，国外各航空公司都可以提供办理预订饭店的手续。很多国家的酒店、旅馆一般不提供拖鞋、盥洗用品和开水，有的旅馆房间设有冰箱，摆有酒水等各种饮料，如饮用则需付款，而且价格很高，有的旅馆饮料一拿出冰箱后就无法放回，即自动记账。

2. 一般用餐

在国外旅行要特别注意饮食卫生，防止病从口入。如果不习惯顿顿吃西餐，也别担心，许多国外的城市都有唐人街，唐人街的中国菜馆物美价廉，菜肴花样多，比较适合我国出访和出国旅游者的口味。

3. 付小费

国外许多地方有付小费的习惯，无论是在机场、旅馆，还是乘出租汽车，在饭店吃饭，都要付小费。付小费要讲究礼貌：在餐厅可以把小费放在盘子下面；在门童帮助提拿行李后，可以把小费放在他们手里；可以把出租车司机找回的零钱留给他们作小费；对机场车站旅馆的搬运工，则公开付小费。小费该付多少，各国情况不一，应根据当地习惯和各种具体情况来决定。

4. 保密防盗

无论是出访还是出国旅游者都一定要注意保密防盗。防止失密、泄密是出国人员应该遵守的纪律。在境外，遇有身份不明的陌生人主动接触时，应有礼有节，不要有问必答，不要透露工作单位、出国任务、政治面貌、下榻地址及对外交往单位人员名称等情况。国（境）外的娱乐场所情况也非常复杂，如有人邀请去可疑的娱乐场所，可用"兴趣不同""工作紧张"或"劳累"等适当理由婉拒。

请保管好自己的护照、签证

　　出访或出国旅游者必须保管好自己的护照、签证，时刻防止携带的行李物品被盗。由于不熟悉环境，又受语言、文字的限制，任何证件或行李的遗失都会给自己带来很大的麻烦。如果是散客旅游者，为防万一被盗丢失，最好事先把护照复印一份或把护照的号码、签发日期记下来，以备补发时申报，材料齐全可以缩短等待补发的时间。

（二）西餐礼仪

　　在出访或出境旅游时，无论是去参加正式的宴会还是自己去餐厅，吃西餐都是常有的事情。吃西餐时，座次的排列、餐具的使用和用餐方法必须符合西餐礼仪。

西餐注重"5M"

1. Money　适当的费用，

2. Menu　精美的菜单，

3. Mood　迷人的气氛，

4. Music　优美的音乐，

5. Manners　优雅的礼节。

1. 入座须知

　　如果男女两人去餐厅用餐，男士应请女士坐在自己的右手方，不可让其坐在人来人往的路边。如果只有一个靠墙的位置，应请女士坐在那里，男士则应坐在她的对面。若两位男士陪伴一位女士进餐，女士应坐在男士们中间。若两位同性进餐，靠墙的位置应留给其中年长者。每个人入座或离座，均应从座椅的左侧走为宜。

　　举行正式宴会的座次排列有国际惯例可以依照：桌次的高低依距离主桌位置的远近而定，右高左低，桌次较多时应摆放桌次牌。同一桌上席位的高低以距离主人座位的远近而定。西方习俗是男女交叉安排，以女主人的座位为准，主宾坐在女主人的右上方，主宾夫人坐在男主人的右上方（图4-3）。在我国则依传统，主宾坐在男主人的右上方，主宾夫人坐在女主人的右上方。

视频：
女士优先

视频：
西餐落座后
注意事项

2. 餐具用法

入座后摊开餐巾或离座前收取餐巾，均应以主人为先。餐巾可以叠作两层铺放在大腿上，有事暂时离席，餐巾应放在椅背上而不是桌子上，放在桌子上意味着你不想再吃，服务员便不会再为你上菜。

吃西餐使用的餐具有刀、叉、匙、盘、杯等。一般讲究吃不同的菜要用不同的刀叉，饮不同的酒要用不同的酒杯。西餐具的摆法是：正面放汤盘，左手放叉，右手放刀（图4-4）。汤盘右上方放酒杯和水杯，面包奶油盘放在左上方，餐巾放在汤盘上或插在酒杯里。

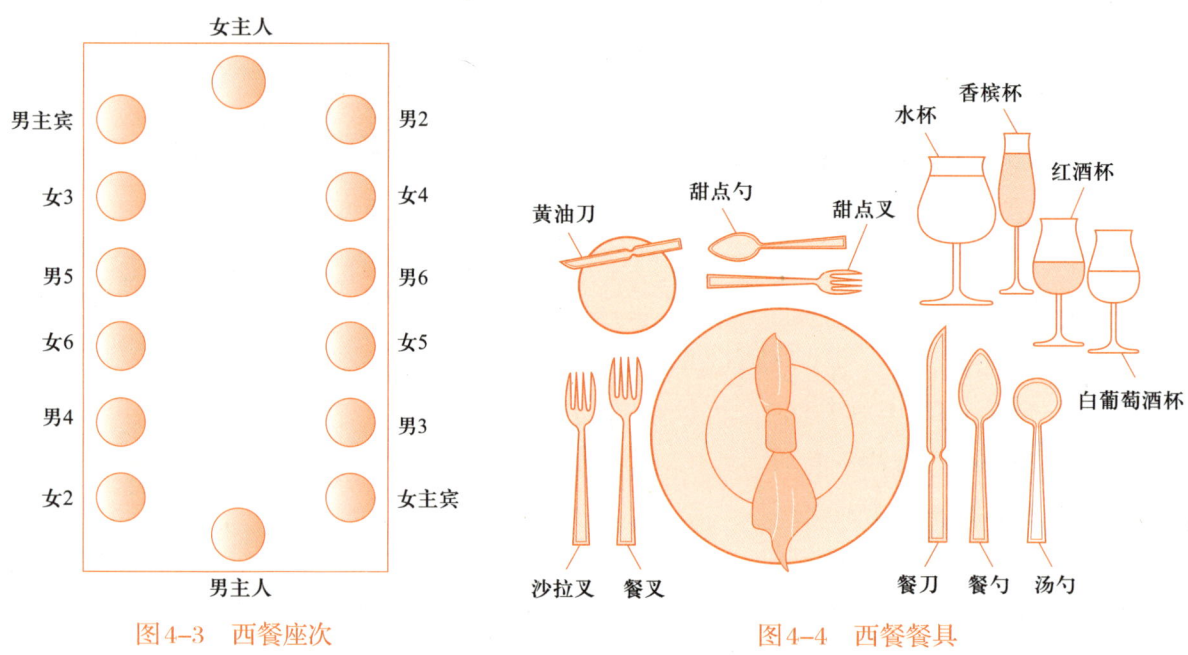

图4-3　西餐座次　　　　　　　　　图4-4　西餐餐具

视频：
刀叉摆法的含义

吃西餐时应右手持刀，左手握叉。先用刀把食物切成块，再用叉送入嘴里，吃正餐时，刀叉的数目与上菜的道数是相等的，排列有序，取用亦应有序，吃一道菜换一套刀叉。暂时离开时，刀叉应交叉摆放或摆成人字形，以示尚未吃完。若将刀叉并拢放在盘子上，刀右叉左，叉面向上，就表示不想再吃了。

视频：
餐巾使用

3. 就餐讲究

西餐上菜的程序通常是，面包黄油→冷菜或色拉→汤→海鲜→主菜（牛排）→甜点心→水果→咖啡或红茶。正式宴会可能会更加丰富。就餐者应熟悉一下菜单，不要一上来就吃饱，接下来便无力他顾了。

进食要文雅。闭嘴咀嚼，吃东西不要发出声音，喝汤不要啜。如汤、菜太热，切勿用嘴吹，可稍待凉后再吃。嘴内的鱼刺、骨头不要直接外吐，应用餐巾掩口，用手（吃中餐可用筷子）取出，或轻轻吐在叉上，放在盘内。吃剩的菜，用过的餐具、牙签，都应放在盘内，不要放在桌上。嘴内有食物时不要说话。剔牙时，用手或餐巾掩口。

面包应在上汤之后吃，可用手撕下一块，用刀涂上奶油或果酱。把整块面包托在手上吃，用叉子叉着面包吃或把面包浸在汤中捞出来再吃都不合适。

喝汤不能端着汤盘喝，必须使用汤匙。

吃鱼或肉应以刀切开，用叉取食。吃鸡肉时，也应先切下一片，再用叉取食，直接用手撕扯是失礼的。鱼刺或骨头可吐在叉子上然后放在碟子里，用手直接去取或吐在桌子上都有失斯文。

吃面条可用汤匙辅助叉子，亦可只用叉子，但不能用刀把面条切断再吃。吃点心必须用叉子，并且可用叉面铲起来吃。

喝茶或咖啡时，可从桌上自取牛奶、糖，加入杯中，用茶匙搅拌后，茶匙仍放回碟内。喝时右手拿杯，左手端碟。

吃梨、苹果等水果时不要整个咬，可先用水果刀切成几瓣，再用刀去皮、核，然后用手拿着吃，削皮时刀口从外往里削。香蕉先剥皮，然后用刀切成小块吃。橙子用刀切成块吃，柑橘、荔枝等则可剥了皮后再吃。其余如西瓜、菠萝等，一般已去皮切成块，吃时可用水果刀切成小块用叉取食。

吃西餐应特别注意水盂的使用，弄不好会闹出笑话。凡是上一道用手取食的食品，如鸡、龙虾、水果等，通常会同时送上一个水盂（铜盆、瓷碗、水晶玻璃缸），水上漂有玫瑰花瓣或柠檬片，注意这不是饮料，而是西餐讲究的洗指碗，应将其置于左侧上方，把手指浸入水中，轻洗一下，然后用餐巾擦干手指。

 知书识礼

注意西餐的敬酒礼貌

吃西餐时，不能拒绝对方的敬酒，即使你不能喝酒，也要端起酒杯回敬对方，为表示热情要与对方碰一下杯，然后把杯子送到嘴前做出喝的动作。不端起酒杯是一种没有礼貌的行为。

祝酒时，主人和主宾先碰，人多可同时举杯示意，不一定碰杯，切忌交叉碰杯。在主人和主宾致辞、祝酒时，应暂停进餐、交谈，注意倾听。主人和主宾讲完话与贵宾席人员碰杯后，往往到其他各席敬酒，这时应起立举杯。碰杯时，要目视对方致意。宴会上相互敬酒能增进友情，活跃气氛，但切忌酗酒。外事活动中喝酒必须控制在本人酒量的1/3以内。

4. 其他规矩

在高级餐厅用餐，侍者会经常注意客人的需要。若需要服务，可用眼神向他示意或微微把手抬高，侍者会马上过来，千万不可高声喊叫。在餐厅吃饭时要享受美食和社交的乐趣，旁若无人地大声喧哗是极失礼的行为。同桌人可小声说话，但音量保持在对方能听见的程度即可，不要影响邻桌。

吃西餐时不许抽烟。当筵席结束后喝咖啡或茶时，如果供应的是方糖，应当用专用夹子（没有夹子时用手），而不是用茶匙去取方糖。喝咖啡或茶时，应拿起杯子喝，喝时茶匙应放在茶盘上而不能放在茶杯里，不能拿茶匙一匙一匙地舀着喝。喝时最好用一只手拿茶盘托住茶杯，以免咖啡或茶水滴到衣服上。

在社交场合，即使天气炎热，也不能当众解开纽扣、脱下衣服。小型便宴，如主人请客人宽衣，男宾可脱下外衣搭在椅背上。

有时主人备有小纪念品，宴会结束时，招呼客人带上。此时可稍赞扬，但不必郑重表示感谢。有些外国访问者往往把宴会菜单作为纪念品带走，有时还请同席者在菜单上签名留念。除主人特别示意作为纪念品的东西外，各种招待用品，包括糖果、水果、茶、咖啡等，都不要拿走。

餐毕即可陆续告辞。通常男宾先与男主人告别，女宾与女主人告别，然后交叉，再与家庭其他成员握别。有时在出席私人宴请活动之后，往往还致以便函或以打电话等方式表示感谢。

知书识礼

进餐过程中切忌举止不雅

在进餐过程中，不宜紧靠椅背，或紧贴餐桌，把胳膊放在椅子上，这是很不文明的。不要随意脱去上衣、松领带或把袖子挽了又挽，也不要边抽烟边进餐，手弄脏了，不要乱擦，也不要用嘴去吸吮。吃自助餐时，不要一次取过多食物，可多次少取，避免浪费。总之，进餐中的一举一动可谓"此时无声胜有声"，你的形象就在无声的一举一动中显露无遗。

三、涉外馈赠礼仪

馈赠是人际交往中表达友情、敬重和感激的一种普遍形式。出访时给外国朋友赠送礼物是礼貌和友好的表示，但如果不懂其规矩，则往往弄巧成拙，适得其反。因此，涉外馈赠除了要明了基本的送礼常识，还要掌握其特殊要求。

（一）送礼

1. 选择合适的礼物

有些人送礼喜欢送价值昂贵的礼物。其实，送礼物花的钱越多，并不能表明心意就越浓。而且在许多国家里，都不时兴赠送过于贵重的礼品，否则很可能让受礼者为难。最好按照主人的文化、教育、爱好挑选礼物，注意因人而异。礼物应易于携带。体积大、分量重和容易破碎的礼物不易携带。

礼物最好要有中国特色和有纪念意义。比如中国的丝巾、剪纸、茶叶等。也可以送中国字画，但要解说给外国朋友听或预先准备好解说文。

知书识礼

送礼时要注意避免习俗禁忌

切忌送受礼人所忌讳的物品，更不得送涉及国家机密和商业秘密的物品等。

2. 注重礼品的包装

在国外，人们普遍认为包装和礼品一样重要，它能表达出送礼人对这份心意的重视。因此，在给外国朋友赠送礼品时，一定要意识到礼品的包装是礼物的有机组成部分之一，是礼品的外衣，送礼时不可或缺。否则，就会被视为随便应付受礼人，甚至还会导致礼物本身"贬值"。因此，送给外国朋友的礼物，一定要事先精心地包装，并且要注意包装所用的材料，在色彩、图案、形状等方面都要尊重受礼人的风俗习惯。

（二）受礼

在涉外交往过程中，外国朋友也喜欢送礼物给中国人。按"礼尚往来"规矩，可接受其礼物，但要注意与中国传统礼仪观念不同的礼仪要求。

1. 大方接受

当外国朋友向自己赠送礼物时，一般情况下，应该大方接受并微笑表示谢意。

2. 当面打开礼物并表示赞赏

当着送礼人的面打开礼物，然后认真地对礼品进行欣赏，再对礼品表达恰当地赞赏和喜爱。这是国际社会通行的受礼人在接受礼物时必须讲究的一种礼貌。

3. 拒绝有方

如果对方送的东西涉嫌违法违禁，或价格过于昂贵，或有辱我方国格人格，或有可能致使双方产生误会，都应该加以拒绝，并当即说明原因。如果对方没有恶意，在退还或拒绝礼物时，还应该向对方表示感谢。

四、境外参观旅游礼仪

（一）参观礼仪

因公务出访时，一般国外的有关组织都会接待安排。如果我方有参观的需要，对方也会尽量给予满足。在商议参观内容和参观过程中，需要注意如下礼仪：

出访人员、团组要求参观，可通过书面、电话或面谈方式向接待方提出，经允许后方能成行。参观内容要符合访问目的和实际，要注意客随主便，不要强人所难。在商定之后，要核实时间、地点和路线。

参观过程中，应专心听取介绍，不可因内容枯燥或不感兴趣而显露出不耐烦和漫不经心的情绪，这是极不礼貌的。同时应广泛接触、交谈，以增进了解，加深友谊。注意尊重对方的风俗和宗教习俗，如要摄影，应事先向外国朋友了解有无禁止摄影的规定。参观游览，对服装要求不严格，不必穿礼服，穿西装可以不打领带，但应注意清洁整齐，仪容亦宜修整。参观完毕，应向主人表示感谢，上车离开时应在车上向主人挥手道别。

（二）旅游礼仪

近年来，随着出境游的不断升温，很多中国游客喜欢去国外进行观光或开展商务旅游活动。一般在出国前应注意了解旅游目的地的风俗民情，在国外访问旅行中，应遵照《中国公民出境旅游文明行为指南》行为处世，以塑造中国公民良好国际形象。

 **学海拾贝**

《中国公民出境旅游文明行为指南》

为提高公民文明素质，塑造中国公民良好国际形象，中央文明办联同国家旅游局（现文化和旅游部），公布了《中国公民出境旅游文明行为指南》，指南全文如下：

中国公民，出境旅游，注重礼仪，保持尊严。

讲究卫生，爱护环境；衣着得体，请勿喧哗。

尊老爱幼，助人为乐；女士优先，礼貌谦让。

出行办事，遵守时间；排队有序，不越黄线。

文明住宿，不损用品；安静用餐，请勿浪费。

健康娱乐，有益身心；赌博色情，坚决拒绝。

参观游览，遵守规定；习俗禁忌，切勿冒犯。

遇有疑难，咨询领馆；文明出行，一路平安。

课内外活动建议：

1. **情景演练：** 模拟涉外交往活动中交换礼品的场景。

2. **观察体验：** 观察你身边的人，谁在学习、生活、工作和旅游中特别注意文明礼貌细节？他（她）的哪些行为举止值得你学习？

3. **用心思考：** 在涉外活动中个人的言谈举止与国家形象的关系。

4. **思辨讨论：** 在涉外旅游活动中，展示中国人的文明礼仪素养有何重要性？

本章测试

第四章：
交互式测验
及参考答案

第五章
礼仪的性质与功用

[学习目标]

★ **素养目标：**

⊙ 能够自觉加强礼仪修养，践行"文明礼仪，从我做起"的理念。

⊙ 能够在日常生活和工作中自然体现出礼仪风范。

★ **知识目标：**

⊙ 掌握礼仪的含义。

⊙ 了解礼仪的类别、要素和特性。

⊙ 掌握礼仪的功能与效益。

★ **能力目标：**

⊙ 提高对社交礼仪的理性认识，加深遵行礼仪的自觉意识。

⊙ 能够在日常生活中宣传礼仪、践行礼仪。

思维导图

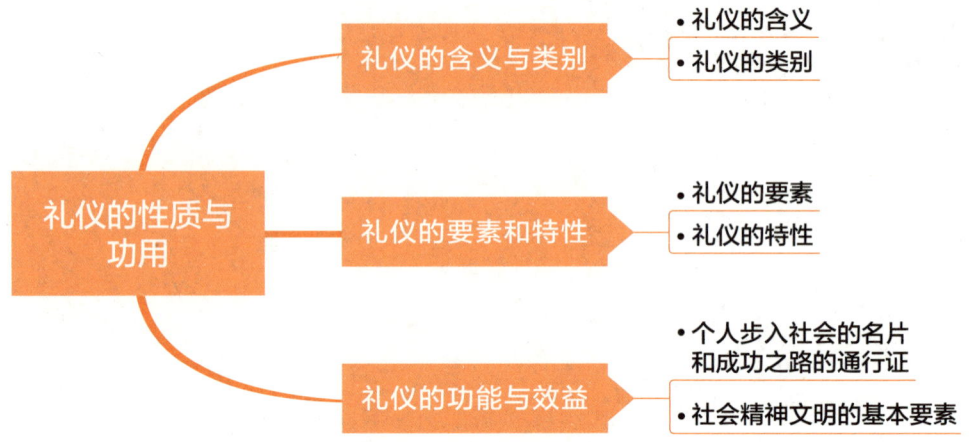

第一节　礼仪的含义与类别

礼仪格言

　　没有良好的礼仪，取得的成就也会被看成是骄傲、无用和愚蠢的。

一、礼仪的含义

　　为了从理论的高度领悟礼仪的性质与功用，有必要先进一步深入了解礼仪的含义。

（一）礼仪的本义

1. 西文"礼仪"之源

　　世界语中的Etiketo即礼仪、仪式、礼节、礼貌，还有"纸贴""标签"之意。这表明"礼仪"一词还蕴涵着某种"标志"之意。实际上，西文中"礼仪"一词源于法语Etiquette，原意是一种长方形的纸板，上面书写着进入法庭所应遵守的规矩、秩序。因此，这种纸板就被视为"法庭上的通行证"。Etiquette进入英文以后，就有了礼仪的含义，有规矩、礼节、礼仪之意；被视为"人际交往的通行证"。

　　2. 中文"礼仪"之源

　　与西文"礼仪"之源重"规矩"有所不同的是，中文"礼仪"造字之初就带有虔诚亲近之意。

郭沫若曾指出：

礼之起于祀神，故其字后来从"示"，其后扩展而为对人，更其后扩展而为吉、凶、军、宾、嘉的各种仪制。

东汉许慎《说文解字》释：

礼，履也，所以事神致福也；仪，度也。

可见，中国的"礼仪"起源于古人敬神祭祖的活动，要求怀着虔诚之心，认真履行，把握好分寸。

（二）"礼""仪"的解释

1. 古人对"礼"的解释

（1）敬。《礼记·曲礼》开宗明义就是"毋不敬"。把"敬"作为礼不容忽视的本质内涵予以强调。"君子之于礼也，有所竭情尽慎，致其敬而诚若，有美而文而诚若。"要深情、慎重、尊敬、真诚、美妙，才是真正的礼仪。《礼记·经解》中有"恭俭庄敬，礼教也"，这也说明礼仪是人格的修养、人品的熏陶。

（2）序。《礼记·乐记》中有"礼者，天地之序也……中正无邪，礼之质也"，说明礼体现了符合自然规律的秩序，引申为人际关系中"人"的定位，以防"过制则乱，过作则暴"的后果。每个人都要明确自己的身份地位，都要遵守规章制度，不可做出越轨的事。不偏不倚，怀着正直之心，做正事，走正道，才是礼的本质要求。

（3）理。《礼记·乐记》中"礼也者，理之不可易者也"所说的理，显然是指道理、原则和规范，为了保障社会正常秩序和人类生存发展及其交往的需要而制定的合理的行为准则、社会规范，也就是"礼"。

（4）俗。《礼记·曲礼》中"礼从宜，使从俗"，所谓风俗，即人心所为也，一定区域的居民，在长期共同生活过程中，依生存环境、生活习惯而形成了民情风俗，体现在生老病死、婚丧嫁娶、迎来送往、节日庆典等方面就成为礼仪。

（5）履。"礼者，履也"，这说明礼仪的基本落脚点在于践履。《礼记·曲礼》中"修身践言，谓之善行。行修言道，礼之质也"说明要发挥礼的功用，做有礼的人就必须严于律己，言行一致，认真去实践礼的精神，使言谈举止都符合礼的要求。

2. 古人对"仪"的解释

（1）度。"仪，度也。"也就是要符合法度、规则。在仪式进行过程中要严肃认真、循规蹈矩。同时更要注意把握好分寸，既不要过分，亦不可不及，应恰到好处。

（2）宜。"仪"，通"宜"，即适宜、合适之意，一个人合适得体的仪态称为宜，体现在恰当端庄的仪表、仪容和举止等方面，表明对美的向往和追求。

3. 近现代人对礼仪的阐释

（1）著名学者辜鸿铭认为：

礼貌的本质是什么呢？这就是体谅、照顾他人的感情。中国人有礼貌是因为他们过着一种心灵的生活，他们完全了解自己这份情感，很容易将心比心，推己及人，显示出体谅照顾他人情感的特性。中国人的礼貌……是令人愉快的，是一种发自内心的礼貌。

（2）英国《现代西方礼仪》的作者埃西尔·伯奇·唐纳德在书中指出：

有关探讨礼仪的"这些文章全都归结到这个事实，即良好的礼貌意味着对他人表示关怀"。

（3）日本礼仪专家松平靖彦在《正确的礼仪》一书中认为：

礼仪是人们在日常生活中为保持社会正常秩序所需要的一种生活规范。

（三）礼仪的概念、作用和意义

（1）概念。礼仪是人们在生活中表达尊敬的规范。对社会而言，礼仪是正式交往活动中所采取的一种行为、语言等规范；对个人而言，礼仪是人们在社会生活中处理各种关系并约束自己行为以示尊重的准则。礼仪也是一个人对自己、对他人、对集体、对工作、对自然、对社会、对国家的尊重之意、热爱之情，用得体美好的言谈举止、仪表仪式表达出来的行为。

（2）宗旨。礼仪的宗旨是使人们都感到舒适，而不是拘谨，更不是难堪。

（3）本质。礼仪的本质是通过某些规范化的行为表示人与人之间的真诚、尊重、敬爱、友好、体谅，是人的社会关系的体现。

（4）作用。"礼之用，和为贵。"礼仪贵在和谐，中国传统文化的精髓就是和谐。但如果仅知道和谐境界的美好，仅倡导人们向往和谐，而不用礼仪规范人们的言行，也不能形成和谐的社会秩序。"敬"与"和"是礼仪的出发点和归宿。礼仪应是发自内心的自觉自愿的表现。毫无矫揉造作之意，能够自然体现出来的礼仪才能达到和谐完美的境界。礼仪在美化社会环境、净化社会风气、协调社会交往、增强社会活力等方面发挥着不可替代的作用。礼仪犹如社会润滑剂，有助于人们妥善处理各种关系，避免许多矛盾、摩擦，促进社会和谐。

（5）意义。礼仪属于文化，是人们观察、了解社会文明状况的基本着眼点，也是构成社会文明的基本要素。因此，凡是文明的民族都较注意礼节，提倡礼貌。如中国素有礼仪之邦的美称，为世人所称羡，英国人也以绅士风度而著称。礼仪不仅是社会文明的重要标志，而且体现了个人文明修养程度。礼仪往往表现为礼节礼貌，它所涉及的常常是生活琐事，但从小事中可以看出一个人的内心世界。因为礼貌正是一个人文化素质、品行教养等精神内涵的外在表现。

二、礼仪的类别

礼仪是包罗万象的社会文化系统。在人类社会生活的方方面面、各行各业，礼仪几乎无时不在，无处不有，古今中外莫不如此。

（一）礼制和礼俗

中华礼仪按性质和作用来分，可分为礼制和礼俗。这种分类大致从春秋战国开始，《管子·牧民》篇的注疏有"大礼""小礼"之说，即"礼之大者在国家典章制度，其小者在平民日用居处行习之间"。显然，所谓"大礼"就是礼制，是国家制定的礼仪制度，现代礼仪中的政务礼仪、外交礼仪等当属此列；所谓"小礼"，可理解为礼俗，是民间人际交往习惯形成的礼仪习俗，现代礼仪中的人生礼仪、交际礼仪等当属此类。

（二）《周礼》中的"五礼"

中国古代比较系统的礼仪之书《周礼》把礼仪分为下列五类：

1. 吉礼

吉礼的内容有：祀昊天上帝、日月星辰、风云雷雨；祭社稷、山川林泽、四方百物；四季祭享宗庙，表达人们对天地、山川、万物、祖先的虔诚敬意。图5-1为天坛祈年殿。

图5-1　天坛祈年殿

2. 凶礼

"以凶礼哀邦国之忧"，即对他人遭遇不幸的慰问、吊唁、抚恤之礼。其内容有：以丧礼哀死亡，以荒礼哀凶札（荒病灾），以吊礼哀灾祸，以恤礼哀寇乱等。这些凶礼实际上体现了济困扶危、雪中送炭的人道主义精神，既是礼仪的要求，又有政治意义。

3. 宾礼

"以宾礼亲邦国"，即接待宾客之礼。这里的邦国是指周朝时期的诸侯国，其"宾礼"就是规范天子诸侯以及诸侯之间交往的礼节。其拜见形式有"朝、宗、觐、遇、会、同、问、视"等，这些礼仪实际上就是当时的外交礼仪。

4. 军礼

"以军礼同邦国"，即军队的操演、检阅、征伐之礼，以威慑各邦国，并使其服从规矩。这类礼仪显然是现代军队礼仪的滥觞。

5. 嘉礼

"以嘉礼亲万民"，即与百姓日常生活、人际交往息息相关的沟通、联络感情的礼仪。主要内容是招待亲朋宾客的宴席饮食之礼，生冠婚寿等人生之礼，交际公关的贺庆之礼等。这些礼仪对于沟通上下、尊老敬贤、和平共处具有重大的积极作用。对于现代人的公关社交亦有借鉴意义。

（三）现代礼仪的种类

现代礼仪是异常庞杂的社会文化系统，有必要对其进行分类。但其中的各类内容常相互渗透，各类区分往往难以界定清楚。因此对礼仪的门类只能做大概的归纳划分。现代礼仪可大致分为如下 9 个类别：

1. 人生礼仪

人生礼仪即从人的出生到老死，贯穿人的一生，尤其是几个重要阶段的礼仪。主要有：出生礼、成人礼、婚礼、丧礼，以及每年一次的庆贺生日（寿）礼等。

2. 个人礼仪

个人礼仪包括个人仪表仪容仪态的恰当体现，言谈举止的得体表达以及一般礼节的正确运用等。个人礼仪是个人文化素质、品德教养和待人处事态度的综合反映。

3. 家庭礼仪

家庭礼仪即家庭内部和家庭之间的有关礼仪，包括家庭成员之间，亲戚、亲族之间的称谓，相互问候、贺庆、拜访、待客、家庭应酬等方面的礼仪。这类礼仪较典型，反映了民族传统、地方习俗以及家风家规。

4. 交际礼仪

交际礼仪指社会成员之间交往时的规范与准则。包括致意、问候、介绍、交谈、拜访、接待、宴会、舞会、聚会、馈赠等社会活动的礼仪。交际礼仪的正确运用有利于扩大人们的社会交往，有助于事业成功、身心健康，有益于净化社会风气。

5. 公共礼仪

公共礼仪指人们在社会活动尤其是在公共场所中应遵行的言语和行为规范，包括与活动内容及场所相适应的仪表仪容、言谈举止和饮食、居住、旅行、观光、娱乐、通信等活动，以及在旅途、商店、饭店、宾馆、剧院、学校、体育馆等公共场所的礼仪。一个人在公共场所能否做到"慎独"，以及在公共礼仪方面的表现很大程度上反映了他（她）的人格与教养。

6. 职业礼仪

职业礼仪是指从事一定职业的人在职业活动中所应遵循的行为规范、准则，以及某种行业为树立自身良好形象而推行的具有本行业特色的规范动作及其仪式。如商业礼仪、教师礼仪、医生礼仪、公务员礼仪、军队礼仪、体育礼仪等。职业礼仪在维持社会秩序、净化社会风气、促进社会进步方面具有无可替代的作用。

7. 政务礼仪

政务礼仪指国家政府为维护自身尊严，协调各方面关系而推行的规范与准则。如升国旗仪式、节日及重大事件庆典、纪念大会、重要（领导人的）追悼大会、公务接待，以及对灾荒事故等的救济、慰问、抚恤等。政务礼仪的推行还关系到国家的权威声誉，体现政府的施政水平，影响民心向背，其重要性不言而喻。

8. 外事礼仪

外事礼仪是涉外交往中的有关礼仪。主要有外交部礼宾司安排的外交活动礼节，包括领导人互访、外交使节的互派、接待外宾的一切活动，外交庆贺、馈赠、援助、慰问、凭吊等礼仪；还有团体、企业的对外交往，如商业谈判、学术交流等活动的礼节。外事礼仪体现国家声誉、民族文明，切不可掉以轻心。

9. 习俗礼仪

习俗礼仪是指与各民族传统风俗习惯有关的礼仪，包括节日庆贺、婚丧嫁娶、祭祖扫墓、迎来送往等方面的礼仪，以及各种生活禁忌等。习俗礼仪是一个民族、一个地域历史传统的重要内容。它深深扎根于民族文化土壤中，具有民族性、区域性和群众性。显然，习俗礼仪中既有积极健康的内容，也有消极愚昧的内容，应注意扬善避恶，积极引导。

课内外活动建议：

1. **情景演练：**模拟同学路遇老师的场景，并评议其表现是否符合礼仪规范，以加深对礼仪含义的理解。
2. **观察体验：**在日常生活中观察体验新时代的礼仪文化。
3. **用心思考：**如何理解礼仪的概念、宗旨、本质、作用和意义？
4. **思辨讨论：**为什么说"礼仪是社会文明的标志"？

第二节　礼仪的要素和特性

礼仪格言

彬彬有礼，讲究得体，妙在自然，贵在真诚，基在修养，要在尊敬，重在自律。

一、礼仪的要素

礼仪涉及人们社会生活的方方面面，而社会生活是千姿百态、丰富多彩的，因此与此相应的礼仪规矩也异彩纷呈、不胜枚举。这就要求人们应掌握礼仪的基本要领，并能举一反三，应用自如。

（一）讲究得体

在运用礼仪时要把握好"度"，要求适中，不能过分。过犹不及，就适得其反。这与穿衣戴帽一样，要求和谐，才显得好看；又如驾车行船，要求把握好方向，快慢适中，才能够安全地到达目的地。社会生活中的人也需要不断地调整自己的心态、心绪，以平和之心去应付外界的变化，才能正确地运用礼仪。具体说来，应注意以下几点：

1. 恰如其分

要求言谈举止符合自己的身份地位。"你听明白了吗？""你懂了吗？"之类的话常是大人对儿童、老师对小学生说的话，如果是出自儿童、学生之口对师长就显得不尊敬，甚至带有无礼、狂妄之感。

要注意讲礼应恰到好处。古语所云"礼貌过盛者，情必疏"，耐人寻味。过分刻

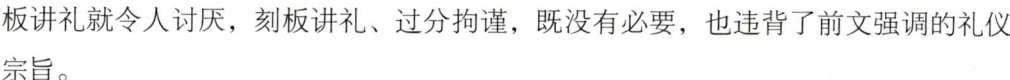

板讲礼就令人讨厌，刻板讲礼、过分拘谨，既没有必要，也违背了前文强调的礼仪宗旨。

2. 要看场合

场合是礼仪最重要的背景，礼仪的使命是营造某种氛围，因此讲礼就应注意场合。出席婚礼可以轻松、靓丽、幽默、眉开眼笑；出席丧礼就必须肃穆、凝重、沉稳、不苟言笑。再如服饰打扮，在家里身着休闲装、穿拖鞋实属正常，但如果在机关、学校等场合就不宜。

3. 要看对象

礼仪学实际上是研究针对不同的对象而采取相应礼节的学问。一般而言，对上级、长辈、宾客应尊敬，对下级、晚辈应稳重，对同事、同辈、朋友应随和。礼仪学还有尊重民俗之说，某些行为对某些人是很得体的礼仪，但对另一类人却是失礼行为。

4. 掌握分寸

礼仪的关键就是讲究适中，把握好分寸。走亲访友时，带上些水果、鲜花之类的礼品是正常的"送礼"；但如果送去金银珠宝、现金、存折等"礼品"，那就可能有行贿之嫌。

（二）妙在自然

礼仪应是自然地流露，而不是矫揉造作，更不是东施效颦。因此，自然得体的礼仪应具有：

1. 平常心

一般礼仪就体现在我们的日常生活中，并不难懂，也易于操作。有一种现象令人深思：幼儿园小朋友、小学低年级学生较常讲礼貌用语，但很多成年人反而相对比较少讲礼貌用语了。其实，讲礼仪就是要像幼儿园小朋友问"老师好"，说"再见"那么自然，以一份平常心去对待礼仪，就能够做到落落大方、轻松自在。

2. 养成良好的礼仪习惯

人的行为一旦养成习惯就会形成条件反射，很自然地完成某种行为。一个教师多年来站着讲课已成习惯，一旦生病不得不坐着讲课时就感到别扭。一个人第一次穿西装时难免感到不自在，多穿几天就习惯了。习惯成自然，自然见风采。你如果尚未形成讲礼貌的习惯，那就应注意养成，努力改正，这必将会增添你的魅力与风采；如果你从小就有讲礼貌的习惯，那就应该继续保持、发扬、完善，千万不可丧失这一宝贵品质。

（三）贵在真诚

礼仪应是真诚的。"著诚去伪，礼之经也"，真诚才是礼仪的真谛。

1. 诚于中，形于外

这是礼仪的基本要求。真正的礼仪应是对人真诚的尊重、关心、爱护，并用自然得体的言行表达出来的行为。那种笑里藏刀、表里不一的行径完全是对礼仪的玷污，那些道貌岸然、口蜜腹剑的伪君子也绝不是真正讲礼仪的人，真正彬彬有礼的君子应是表里一致、内外和谐统一的人。真诚是君子最宝贵的品格，也是礼仪的本质要求。

2. 文质彬彬

孔子有言："质胜文则野，文胜质则史，文质彬彬，然后君子。"一个人如果仅有质朴的品格，而缺乏得体的言谈举止，未免会让人感到粗野；相反，一个人拥有光鲜的外表和举止，却缺乏质朴的品格，未免使人感到虚伪。只有既具备良好的内在品格，同时又能合乎"礼"地表现出来，方能成为君子。

（四）基在修养

修养是礼仪的基础，礼仪也是一个人文化修养、品德教养等精神内涵的外在体现，在良好修养基础上体现的礼仪才是成熟而又得体的礼仪。因此，加强修身养性是正确表达礼仪的前提。

1. 知书识礼

礼仪是渗透于人类生活方方面面的规矩，也是一门深奥的学问。诸如各地区、各民族的习俗礼仪、禁忌避讳千差万别；鲜花的花言花语也寓意繁杂、因地而异。而人们日常生活中的悖礼错误则更是司空见惯。例如，有人用圆珠笔写《入党申请书》等，殊不知这是不够尊敬、不够慎重的表现。为杜绝在社会交往中因无知而产生的失误，避免无谓的麻烦，人们就应学习、学习、再学习，吸收借鉴前人的经验总结和研究成果，用知识充实、完善自己。

2. 理解宽容

一个注重礼仪修养的人应具有宽阔的心胸、坦荡的襟怀和善解人意的心灵。礼之用，和为贵。人们生活的环境不同、性格有异、见解有别，就需要互相讲礼、理解、宽容，以期达到和谐相处的境界。要注意不能以己之长笑人之短，尽量避免触痛他人，使对方下不了台。还要注意不要自恃清高而嘲笑他人习俗，更不要把自己的习惯强加于人，不能把自己的规矩带到他人家去。遵循入乡随俗的古训，以期互相尊重，和睦相处。

（五）要在尊敬

"治礼敬为大""守礼莫若敬"，这是中国古训，也说明礼的核心就是尊敬。一切礼仪的规则都是围绕自尊和尊人这个核心而制定的。

1. 自尊

自尊是赢得他人尊敬的前提。要自尊就应自知、自省、自信、自强。自知就是要有自知之明，认识自己的不足和弱点，知耻而后勇，知不足而求上进。自省就是经常反省自己，检点自己的言行，学古人"吾日三省吾身"。自信就是要克服羞怯心理，相信自己能够处理好人际关系，充满信心地去待人接物，踏上社交成功之路。自强就是要坚信自己是生活的强者，树立吃苦耐劳、不畏艰险的顽强拼搏精神，这样才能获得他人由衷的尊敬和礼遇。

2. 尊人

尊重他人是传统美德，更是礼仪的基本要求。应提倡换位思考，己所不欲，勿施于人。还应注意"上交不谄，下交不渎"，既要锦上添花，更应雪中送炭。尊敬上级、长辈是人之常情，但要把握好分寸，避免阿谀奉承、溜须拍马之嫌，以保持自己正直的人格；尊重弱势群体，则难能可贵，不可忽视，但也要讲究适度，防止居高临下，从而伤人自尊心。尊重他人，最要紧的是尊重他人的人格，还要尊重他人的劳动。

（六）重在自律

这是施行礼仪的基本保障。礼仪不同于"重在他律"的法律，而主要在于自律，也就是把外在的带强制力的约束转化成内在的自觉意识和行动。

1. 严于律己

严于律己就是时时处处严格要求自己，使自己的言谈举止符合礼仪规范。古训"非礼勿视，非礼勿听，非礼勿言，非礼勿行"，实际上就是礼仪自律的具体要求。

2. 慎独

慎独即《礼记·中庸》中所言："是故君子戒慎乎其所不睹，恐惧乎其所不闻。莫见乎隐，莫显乎微，故君子慎其独也。"这是检验礼仪修养的试金石，在人们看不见、听不到的隐蔽之处、细微之处，见其精神，验其品质。诸如在旅游登山时，行至无人可见之处也能约束自己，不随地吐痰，不乱扔纸屑果皮，不拈花惹草。在超市里不乱翻货架上物品，更不能"顺手牵羊"贪小便宜。

二、礼仪的特性

礼仪是与人类文明相伴而行的规范，有悠久的历史；礼仪又是广泛应用于人类生活各个方面的规矩，有很强的现实意义；礼仪是人类弥足珍贵的文化财富，其内容非常丰硕深厚、博大精妙；其形式也是千姿百态、异彩纷呈。要深入理解礼仪，挖掘其价值，发挥礼仪在物质文明、政治文明、精神文明、生态文明和推动社会进步中的作用，有必要进一步探讨礼仪这种社会文化现象的特性。

（一）民族性

由于长期共同生活而形成的民族，自然有彰显自身特色的民族文化及其习俗。而礼仪作为民族文化的重要组成部分，必然也会对民族产生深远的影响。

1. 从某种意义上讲，礼仪是一个民族、国家的象征

例如，对龙的崇拜是中华民族的一大特色，"龙的传人"成为中华儿女的代称，"龙"就是我们民族的象征。很多地方仍保留着农历二月初二"剃龙头"、端午"赛龙舟"等礼仪习俗。再如，在某些国际活动中，升五星红旗，奏《义勇军进行曲》国歌，就成为我们中华人民共和国的象征。又如，春节时的拜年庆贺，清明节的祭扫祖墓，中秋节的阖家团圆……正是中华民族所共有的活动。在施礼方面，拱手作揖也是全世界华人所独特的行礼动作。在世界各个地方，中华民族独有的礼仪习俗无不体现着中华民族的血脉精神以及源远流长的中华文化。

2. 礼仪融进了民族传统精神

一个人的人格品质是通过他的言行来体现的，一个民族的精神性格也渗透在其传统礼仪之中。礼仪的民族特色是历代相传、发展变化与时常更新的。礼仪丰富了民族文化的内容，而民族的传统精神又赋予礼仪别具一格的特色与魅力。

（二）时代性

不同的时代有着相应不同的礼仪。社会的进步、文明的演变、政治的变革、经济的发展、思想观念的变化、科技的应用等，必然导致礼仪在民族传统的基础上注入新的内容，扬弃不合时宜的部分。因此礼仪文化也就有了时代的特征。

1. 社会革命必然引发礼仪革命

战国时期的"胡服骑射"，南北朝时期的"北魏孝文帝汉化改制"等，实际上也是礼仪文化的革新；辛亥革命后的剪发辫、废缠脚、改称呼等移风易俗的社会革命，实际上也是礼仪革命。

2. 传统旧礼仪中的陈规陋习必然被淘汰

（1）维护封建专制统治的"礼制"必然被淘汰，诸如封禅、觐礼、朝拜等。

（2）屈辱人格、有损身体、严重束缚人性的陋习必然被革除。诸如三跪九叩礼，妇女缠脚，"笑不露齿，行不动裙"等规矩必然被淘汰。

（3）高成本、低效率的陈规必被摒弃或简化。诸如婚礼、丧礼和祭祖等仪式也已经被大大简化。

3. 传统礼仪的现代化

随着科技的进步，交通工具、通信技术的发达，国家间交往日益频繁，人与人之间的交往亦日益密切，礼仪的时代新意显著凸显。

（1）吸收借鉴国际礼仪，丰富更新中国传统礼仪。如"握手"的施礼方式自辛亥革命后逐渐推广开来，现在几乎取代了传统的"作揖"。而拱手作揖只有在特殊的传统节日，尤其是春节拜年时，或表达特别的致意、谢意和歉意时运用。

（2）借助新载体实现礼仪现代化。现今诸如礼宾公司、礼仪小姐、礼仪鲜花、电子贺卡等新名词已屡见不鲜，微信、短视频拜年问候、交友等形式也习以为常。礼仪借助现代科技更具生机活力，焕发异彩。

（三）共通性

礼仪是基于人类共同生存、生活、相处、交往的需要而产生、发展、完善的，因此，礼仪必然带有共通性。主要表现为：

1. 礼仪基本原则的共通性

真诚、尊敬、得体是礼仪的基本要求。为便于人与人之间的交往，人们应以适当的方式表达对彼此的尊重。这是通行世界各国的礼仪的基本原则和真谛。

2. 礼仪制度的共通性

礼仪一旦形成惯例、制度，便有了共通性。国际交往礼仪的共通性是不言而喻的。国际会议上的位次安排要按照各国所共同认可的礼仪规矩排列。在国际性运动会上，为竞赛成绩名列前茅的运动员举行升国旗仪式，为获得冠军的运动员奏国歌，这也是无可争辩的世界通行礼仪。在国内，升国旗的礼仪制度，则通过《中华人民共和国国旗法》规定下来，全国通行。

（四）差异性

由于人们的生活环境不同，传统习惯有异。因此，某些礼仪尤其是习俗礼仪、团体礼仪等由于地域、群体的局限性和差异性，只能在有限范围内通行。比如军礼只是在军队中由军人共同遵行；少先队礼只是在中小学校少先队员中通行。由于"十里不同风，百里不同俗"而形成的习俗礼仪只在特定区域、特定人群中共同遵行，这是不言而喻的。礼仪这种局部共通的差异性，使它在内容上包罗万象，在形式上多姿多彩，令人叹为观止。

（五）对等性

礼仪讲究对等性，应注意以下三点：

1. 应承认礼仪有等级

法律的一个重要功能是"禁恶"。它在罪与非罪、守法与犯法之间明确地画一条线，无论何人只要越线就必须受惩罚。因此，必须做到"人人平等"，铁面无情。然而在"线内"有更广阔的生活空间，这就需要用礼仪规范人们的行为。礼仪的主要作用是"倡善"，包括"敬、序"等含义，强调"尊者优先""长幼有别"。在社交礼仪方面，军队里的军衔、政府里的各级公务员、学术界的各种职称都体现了等级。在外交礼仪方面，等级更为分明，毫不含糊。讲究礼宾次序，按位次就座，依规矩行动，既提高了工作效率，又维护了社会秩序，体现了人的尊严。

2. 要讲究礼仪的对等性

礼仪不仅反映了等级性，而且体现了对等性。礼仪的对应通俗地讲就是"礼尚往来"，其中蕴涵着平等之意。敬礼与还礼，访问与回访，外交中的同级接待等都体现了礼仪中的对等性。如军官在接受士兵的敬礼后不还礼，显然就是失礼、傲慢的表现。又如张三去年结婚时接受了李四的祝贺，李四今年举行婚礼时张三也应去祝贺，这是人之常情。在外交接待上，更讲究对等性。一般而言，必须是元首对元首、总理对总理、部长对部长的对等接待。如果一方是元首来访，另一方仅派外交部部长接待，显然是怠慢了对方；如果对方是部长来访，而由政府首脑为主接待则是自我降格，显然也不合适。同样在国内社交活动中，也要注意对等性。

3. 应注意"自我定位"

人贵有自知之明，在人际交往中更应如此，要有角色意识、自我定位。无论是家庭生活，还是职业活动中的人际交往，都必须有主客、长幼、上下、主从的身份地位、职责意识。不能反客为主、没大没小、上下混淆、主从不分，从而贻笑大方。在正式社交场合，不能不守规矩，不能随心所欲、为所欲为。

课内外活动建议：

1. **情景演练：** 模拟问路与指路的言谈举止，并对照礼仪规范进行评议。
2. **观察体验：** 列举日常生活中人们欠礼貌、不得体的种种表现。
3. **用心思考：** 礼仪的真谛。
4. **思辨讨论：** 礼仪的民族性、时代性。

第三节　礼仪的功能与效益

 礼仪格言

> 人无礼则不生，事无礼则不成，国家无礼则不宁。

荀子说："人无礼则不生，事无礼则不成，国家无礼则不宁。"礼仪既是个人步入社会的名片和成功之路的通行证，又是构成社会精神文明的基本要素，理应传承延续、发扬光大。

一、个人步入社会的名片和成功之路的通行证

调节人际交往，和谐人际关系是礼仪的一大社会功能。《礼记·冠义》谓："凡人之所以为人者，礼义也。"古人把是否有礼视为人与禽兽的本质区别是不无道理的。人的本质是一切社会关系的总和。人生在世，难免要与各种各样的人交往，礼仪正是人际交往的基本手段，也是做人的基本准则和素养。因此有人把礼仪喻为一个人步入社会的名片和事业成功之路的通行证。

（一）不学礼，无以立

1. 不拘小节，痛失良机

礼仪是为人处世基本的规矩，是一个人品格教养的直观表现，若不予以重视，在某些关键场合就会造成不良的后果，关系到社交及事业的成败。

不拘小节的人

　　长春电影制片厂曾拍摄过一部名为《不拘小节的人》的喜剧片，讽刺一位作家李少白。他擅长在作品中讽刺挖苦别人，而自己却是个不讲文明礼仪的"不拘小节"的人。一次，他应邀去某市作报告，虽以文人雅士自居，却做了一系列不文明的事：坐火车占两个人的位置，吃水果乱扔果皮，游湖逛公园、参观图书馆、看戏时又惹了许多麻烦，受到人们的指责。陪伴他的某市文联赵主任不得不替他向别人赔礼道歉、垫付罚款。李少白未见过面的女朋友敏英恰巧目睹了他的所作所为，当李少白作完报告到敏英家拜访时，敏英当面严厉指责了他不讲文明礼貌的恶劣行为，使他面红耳赤、十分狼狈。两人的恋爱关系也因此而彻底告吹。

2. 不矜细行，终累大德

　　孔子告诫人们："恭而无礼则劳，慎而无礼则葸，勇而无礼则乱，直而无礼则绞。"过分谦虚谨慎不利于与人交往，也有悖于礼仪；而勇猛和爽直本是良好品格，但如果不懂礼则会惹出乱子、伤害他人。像《水浒传》中的李逵、《岳飞传》中的牛皋、《三国演义》中的张飞惹出的乱子就不少。可见，"不矜细行，终累大德"，绝非虚言。

（二）礼仪是人与人共处的钥匙

1. 礼仪与自信

　　礼仪是人与人相处之道，可以使人更客观地认识自己，把握自己，增强自信心，为社交铺平成功之路。正确掌握礼仪可以保持良好的心态、得体的风度、高雅的气质，从而克服"丑媳妇怕见公婆""怕失礼而不敢会客"的心理障碍，充满自信地走向社会，大胆地参与社交活动，使自己拥有更多的朋友，以利于事业的成功。

2. 最好的介绍信

　　有礼走遍天下，无礼难出家门。在人际交往中，恰如其分的礼貌、和蔼可亲的态度是最好的介绍信。例如，1936年夏，周恩来与埃德加·斯诺第一次见面时，一句亲切、热情的询问："哈罗，您想找什么人吗？"就拉近了与斯诺的距离。周恩来温和而文雅的口气、彬彬有礼的风度给斯诺留下了终生难忘的印象。中华人民共和国成立后，周恩来身为总理兼外交部部长率团走出国门，向世界展示了中共领导人的风

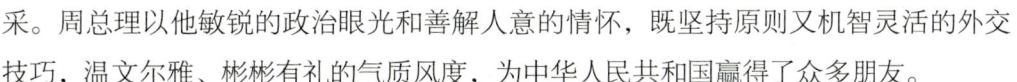

采。周总理以他敏锐的政治眼光和善解人意的情怀，既坚持原则又机智灵活的外交技巧，温文尔雅、彬彬有礼的气质风度，为中华人民共和国赢得了众多朋友。

礼仪之所以是人际交往中必不可少的手段，是由其性质所决定的。"守礼莫若敬"，尊敬就是礼仪的本质体现。每个人都有自尊心，在内心深处都有受人尊重的欲望和要求。己所不欲，勿施于人，只有切实做到自尊和尊人的人，才算掌握了礼仪的真谛。

（三）礼貌于己无损而获益匪浅

礼仪是人人可学，处处可用之道，可谓"礼貌周全不花钱，却比什么都珍贵"。如刘备"三顾茅庐"，给了诸葛亮极高的礼遇，也成就了一段千古佳话。古人云："智者，知礼者也。礼者，履其知也。履其知而礼皆中节，知礼则精义入神，日进于高明而不穷。"在当今世界，懂礼并善于用礼、行礼，掌握高超的社交技巧无疑是非常重要的。

1. 微笑的价值

微笑是人人都会的礼貌表情，经常运用，不仅能为日常生活及社交活动增光添彩，而且在经济生活中也有无限的潜在价值。

 **学海拾贝**

微 笑 箴 言

它不需要成本，却能创造无限价值。它并不使给予者贫穷，却使接受者富有。它发生在一瞬间，却在记忆中永存。没有人富裕得可以不需要它，贫穷的人却因受益于它而变得充实。它在家中创造了欢乐，在外界建立了好感。它是朋友给予的回报，给疲倦者带来慰藉，给灰心者带来希望，给悲哀者带来光明。它是消除烦恼的天生良药。

微笑礼仪既是社会文明进步的体现，又反映了在当今社会竞争加剧、生活节奏紧张的状况下，人们更加需要用美的微笑来点缀生活，用礼仪来丰富人际的情感。

2. 事无礼则不成

在社交中一方言行上的失礼会引起对方的反感、恼怒，这就可能意味着交往的失败，乃至合作机会的丧失。两千多年前荀子指出的"事无礼则不成"，在当今经济生活中仍具有指导意义。

图5-2　和为贵

3. 和气生财

"和气生财"这个千年古训言简意赅地道出了礼仪与经济效益相辅相成的密切关系（图5-2）。

"和气"应包括两方面内容：一是对内团结合作，二是对外树立令人亲近愉悦的良好形象。若无内部支持，很难把事情办好，就更谈不上对外树立良好形象，进而影响事业发展。

"和气"为什么能"生财"？一言以蔽之：人是需要尊重的，无论是生产者，还是消费者。在社会主义市场经济时代，礼仪也是竞争力。在生产力中，人是最重要的因素，而礼仪则是人基本素质的重要组成部分，从这个意义讲，礼仪也是生产力。

二、社会精神文明的基本要素

礼仪是构成社会精神文明的基本要素。它在维护社会秩序、美化社会环境、净化社会风气、协调社会交往、增强社会活力等方面发挥着不可替代的作用。

（一）序化社会

1. 古代治国安邦的基本手段

"礼者，天地之序也"，说明礼仪有序化社会的功能。礼仪犹如社会润滑剂，可以帮助人们妥善处理各种关系，避免许多矛盾、摩擦，促进社会秩序的稳定。

《礼记·仲尼燕居》："礼之所兴，众之所治也。礼之所废，众之所乱也。"这种礼兴得治、礼废则乱的现象，在西汉初年显得十分典型。汉高祖刘邦"帝起草莽，礼从简易，群臣饮酒争功，醉或妄呼，拔剑击柱"，令人难堪。鉴于这种由于缺乏礼仪约束而形成的混乱局面，叔孙通说服刘邦制定并推行朝廷礼仪。此后群臣上朝秩序井然。这种朝仪在当时立竿见影地收到了制止混乱，维持上朝秩序的效果。又如唐朝前期，开创"贞观之治"局面的唐太宗李世民总结"以仁义为治者，国祚延长；任法御人者，虽救弊一时，败亡亦促"的历史经验与教训，感悟"导之以德，齐之以礼，而可使民迁善远罪而不自知也"。因此，他即位后就确定了"安人理国"的方略，把稳定社会秩序、安定百姓生活作为治国安邦的要务。为此，他组织修订《贞观律》与《贞观礼》，在厉行法治的同时，也大力推行礼治，广泛开展礼仪规范教育，成效明显。《贞观政要》卷一记载：贞观年间，官吏多数清廉严谨，王公贵族、富豪大户也不敢欺压百姓，"商旅野次，无复盗贼，囹圄常空，马牛布野，外户不闭"。形成了社会秩序稳定，百姓安居乐业的太平景象。由此，礼仪被进一步证明是建立国家、和谐社会秩序的基本手段，也是易于操作的治国安邦的有效方式。

2. 现代社会稳定秩序的有效方法

不仅中国古代政治秩序有赖于礼制的约束，而且当今世界社会公共秩序和社会交往活动也不能缺少礼仪的调节。新加坡是犯罪率低、人身安全感强、社会公共秩序较好的国家之一，这与新加坡在健全法治的同时坚持开展礼仪教育是分不开的。著名的新加坡"礼貌运动"倡导者李光耀认为："礼貌是文明社会的一部分，礼貌是第一美德；礼貌能导致良好的人际关系。"因此，李光耀规定每年6月为新加坡的"文明礼貌月"，同时还开展"反对乱扔脏物运动""敬老周""睦邻周"等活动，坚持不懈地抓国民的行为规范教育，倡导文明有序的生活，促进社会秩序的稳定。时至今日新加坡仍以"花园国家"的美誉著称于世。这表明，礼仪教育确实有利于社会秩序的稳定。

（二）美化人际环境，净化社会风气

常言道："天时不如地利，地利不如人和。"这"人和"无疑就是人际关系的和谐及人际环境的良好。

1. 生活环境与人格养成

"近朱者赤，近墨者黑""性相近，习相远"说明了生活环境对人的品格养成的重大影响，尤其对于启蒙阶段的孩童、世界观形成时的青少年而言，人际环境的熏陶必定产生潜移默化的作用，对人们性格、品行、气质的塑造及为人处事的态度必将产生深远的影响。在尚礼的家庭环境（图5-3、图5-4）中养成"从小懂礼"的良好习惯者，长大后就能够自然地以礼待人，从而美化社会人际环境。

图5-3　安徽西递由礼堂　　　　图5-4　浙江绍兴思仁堂

环境育人之所以有明显成效，是因为环境直接影响着人们的心态情绪，制约着人们的言行。在安静整洁的图书馆阅览室里，人们会不由自主地放轻脚步，轻声说话；在嘈杂的菜市场里，再文雅的人也会提高嗓门。在上演芭蕾舞、交响乐的剧场，观众必身着礼服，个个彬彬有礼，体现优雅风度；在进行激烈比赛的足球馆里，观众则穿着五彩缤纷并可尽情高喊。在民航飞机上，空中小姐文质彬彬、笑容可掬，乘客们也能互相礼让、秩序井然。可见，环境的客观条件会影响人的情绪言行，但另一方面，人也是可以改变环境的。

2. 互相讲礼与集体凝聚力

团结就是力量，而团结的集体必定是由彼此尊重、互相讲礼的人所组成的。我军"三大纪律八项注意"中的"八项注意"也是对礼仪规范的要求。中国共产党领导的中国人民解放军之所以能够从小到大，从弱到强，成为威武之师、文明之师、礼仪之师，其重要因素就是形成了作风优良的鲜明特色，既增强了军队内部的团结，又获得了人民群众的衷心拥护。

（三）窗口和友谊纽带

1. 礼仪的社会窗口作用

礼仪是社会文明的标志，子贡有言："见其礼而知其政，闻其乐而知其德。"通过对社会成员礼仪风貌的观察，可以了解这个社会的文明程度。在"窗口行业"，从业人员的言行有示范性、感染性的作用。因此我国在构建社会主义和谐社会时应着重纠正行业不正之风，开展优质服务，建设文明窗口。

2. 礼仪的友谊纽带作用

礼仪犹如路桥、信函，处处为人们连起友谊的纽带。在对外交往中讲究礼仪，可以展示中国人民的精神风貌，增强民族自尊、自强的精神，加深与世界各国人民的友谊和交流，提高我国的国际地位和威望。

3. 礼仪是心灵沟通的前提

礼仪既是形象，也是纽带，传递着尊敬、友好的信息，是人际交往乃至友谊发展、心灵沟通的前提。既影响自己给人留下的第一印象，也关系到交往的成败。

 学海拾贝

北京冬奥会展示中国礼仪之邦的风采

2022年北京冬奥会颁奖仪式上的奖牌寓意深刻，耐人寻味。奖牌设计取意中国古代礼器玉璧，由5个圆环加同心圆图案构成，寓意五环同心，

同心归圆。玉璧象征着美好的意愿和高贵的品质，曾是中国古代情侣或好友间相赠的珍贵礼物，如今又表达着中国人民热情好客的心愿，成为沟通各国人民心灵的美好象征，为北京冬奥会增光添彩。

（四）民族的向心力和凝聚力

我国先哲之所以把礼仪视为治国安邦的根本，还由于礼仪有助于民族向心力、国家凝聚力的形成。在漫长的岁月中，我们的民族和国家屡经曲折磨难，却能够一次又一次地衰而复兴、转危为安，体现了百折不挠的顽强生命力，成为世界上绝无仅有的绵延五千年文明史的民族和国家。以"礼"为主要内容的中华传统文化无疑是维系中华民族的一种巨大精神力量，是永葆民族生机活力的不竭源泉之一。

1. 礼仪在中华民族形成发展中的作用

在中华民族的形成过程中，礼仪发挥了不可忽视的作用。"中国有礼仪之大，故称夏；有服章之美，谓之华。"从古至今，我们中华民族正是由于各个地域、各个民族礼仪和文化的不断融合而成长壮大的。

 学海拾贝

"中国"的含义

史学家范文澜在《中国通史》第一册中指出："中国这一名称，含有地区居中的意义，但更重要的意义则是指传统文化的所在地……中国、夏、华三个名称，最基本的含义还是在于文化，文化高的地区即周礼地区称为夏，文化高的人或族称为华，华夏合起来称为中国。"

2. 礼仪是维系中华民族根脉的精神纽带

礼仪还是维系中华民族根脉的精神纽带。祭拜中华始祖黄帝陵的典礼以及清明祭扫祖先坟墓的习俗每年都吸引无数海外赤子不远万里回到祖国，虔诚地向祖先行神圣大礼。改革开放以来，在春节前后都会出现客流量激增的春运高峰，那些千辛万苦回家的人们就是为了在家过年，拜一拜祖宗，会一会亲友，享一享天伦之乐。

 举一反三

盛礼公祭黄帝陵，天涯华人共此情

清明黄帝陵祭典是联结海内外所有华人心灵的纽带。不同时代祭祀黄帝，有不同的祭祀观念和礼仪，但传承民族认同、国家统一的理念则始终

如一。2022年4月5日，又有近万名海内外中华儿女参加清明公祭黄帝陵活动，以"弘扬中华优秀传统文化，贯通民族发展血脉，铸牢民族共同体，增进民族凝聚力，继往开来，勇毅前行，共同谱写中华民族伟大复兴新篇章"为主题，采取多种形式，营造"四海同钦、缅怀初祖"的氛围，表达海内外华人"寻根黄帝陵、一起向未来"，为实现中华民族伟大复兴不懈奋斗的民族情感。

中华民族传统文化中尊祖敬宗的观念，重血缘、乐天伦的思想，深藏在每个中国人的潜意识中。因此，弘扬礼仪文化中的优良传统，对于凝聚海内外华人华侨、振兴中华的伟业具有重大意义。

3. 礼仪与爱国主义教育

利用礼仪对国民进行爱国主义教育以增强民族凝聚力，是世界各国普遍的做法。在我国，升国旗、奏国歌等礼仪形式无疑具有特殊的意义。1949年10月1日，中华人民共和国隆重举行开国大典，北京天安门广场第一次升起了鲜艳的五星红旗。中国人民从此站起来了，成了国家的主人。中华民族开始了新纪元，并激励和吸引了李四光、钱学森等一大批海外赤子归国参加祖国建设大业。在国际体育赛场举行颁奖典礼时，当中华人民共和国国歌响起、五星红旗升起的时候，有多少海内外赤子激动得热泪盈眶，欢呼雀跃！又有多少中华青年由此喊出"团结拼搏，振兴中华"的口号！我国《新时代公民道德建设实施纲要》指出：

充分发挥礼仪礼节的教化作用。礼仪礼节是道德素养的体现，也是道德实践的载体。要制定国家礼仪规程，完善党和国家功勋荣誉表彰制度，规范开展升国旗、奏唱国歌、入党入团入队等仪式，强化仪式感、参与感、现代感，增强人们对党和国家、对组织集体的认同感和归属感。充分利用重要传统节日、重大节庆和纪念日，组织开展群众性主题实践活动，丰富道德体验、增进道德情感。研究制定继承中华优秀传统、适应现代文明要求的社会礼仪、服装服饰、文明用语规范，引导人们重礼节、讲礼貌。

从某种意义上讲，礼仪是教育，也是号角！

课内外活动建议：

1. 情景演练： 请同学模拟上门推销商品，并进行点评。

2. **观察体验**：礼仪在同学交往中的作用。

3. **用心思考**：结合实际，探讨礼仪与构建和谐班级的关系。

4. **思辨讨论**：试就"不矜细行，终累大德""礼仪也是生产力"这两个话题展开讨论。

本章测试

第五章：
交互式测验
及参考答案

参 考 文 献

［1］中共中央文献研究室．习近平关于社会主义文化建设论述摘编［M］．北京：中央文献出版社，2017．

［2］广陵书社．周礼·仪礼·礼记［M］．扬州：江苏广陵书社有限公司，2007．

［3］孔子．论语［M］．王超，译．北京：北京联合出版公司，2015．

［4］荀况．荀子［M］．方勇，等，译．北京：中华书局，2011．

［5］中共福州市委文明办．福州市民文明礼仪手册［R］．2021．

［6］金正昆．礼仪金说（全套7册）［M］．北京：北京联合出版公司，2016．

［7］彭林．中华传统礼仪概要［M］．上海：商务印书馆，2017．

［8］夏志强．图解礼仪常识全知道［M］．北京：中国华侨出版社，2017．

［9］伍新蕾．服务礼仪与形体训练［M］．大连：东北财经大学出版社，2016．

［10］李劲．别输在不会表达上［M］．苏州：古吴轩出版社，2019．

［11］徐汉文，张云河．商务礼仪［M］．3版．北京：高等教育出版社，2021．

［12］李露露．中国节·图说民间传统节日［M］．福州：福建人民出版社，2005．

［13］周明桑．社交风度探秘［DB/CD］．广州：白天鹅音像出版社，2005．

主编简介

　　林友华，闽江学院教授，福建省礼仪协会副会长、福州市政协文史研究员。发表70多篇学术论文，出版13部专著与教材。荣获多项社会科学与优秀教学成果奖，荣膺福建省优秀教师、福建省高校教学名师、全国优秀社会科学普及专家等称号。

读者意见反馈

为收集对教材的意见建议，进一步完善教材编写并做好服务工作，读者可将对本教材的意见建议通过如下渠道反馈至我社。

咨询电话　400-810-0598

反馈邮箱　gjdzfwb@pub.hep.cn

通信地址　北京市朝阳区惠新东街 4 号富盛大厦 1 座

　　　　　高等教育出版社总编辑办公室

邮政编码　100029

防伪查询说明

用户购书后刮开封底防伪涂层，使用手机微信等软件扫描二维码，会跳转至防伪查询网页，获得所购图书详细信息。

防伪客服电话 （010）58582300

网络增值服务使用说明

授课教师如需获取本书配套教辅资源，请登录"高等教育出版社产品信息检索系统"（http://xuanshu.hep.com.cn/），搜索本书并下载资源。首次使用本系统的用户，请先注册并进行教师资格认证。

高教社高职经管论坛教师交流及资源服务 QQ 群：101187476